SOIS UNE FEMME MA FILLE

LATIFA CHAY

À ma mère et à mon père,
la droite et la gauche de mon cœur.
Les belles personnes sont éternelles,
car on ne les oublie jamais.

À mes sœurs et à mes frères.
Mes garde-fous, mes repères et mon inspiration.
Sans vous, cette aventure n'aura jamais existé.

À mes nièces et à mes neveux,
je vous aime comme mes enfants.
Vous êtes la première et la dernière lettre de ma motivation.

À Fatima et Salima, Christian, Hélène, Cassandre, Yanis,
Adrien, Sofia, Haikel, Coralie, Rémi, Christine, Tareq,
Nisrine, Raphaël, Claire, Niels, Mustapha et Jacques.
Merci pour votre présence amicale, pour vos encouragements
continus, pour vos conseils précieux et plus que tout,
merci pour votre bienveillance.

Avertissement au lecteur

Afin de faciliter la compréhension des expressions en langue arabe, ces dernières ont été adaptées avec des caractères latins.

Les paragraphes en italique justifiés correspondent aux messages que l'auteure adresse à sa mère (maman).

Avant-propos

Je vous écris sans savoir vraiment ce que je vais vous dire. Non pas que je ne sache de quoi parler, mais qu'à l'inverse, il me faudrait noircir des pages pour vous conter ces quelques années de ma vie.

J'ai le sentiment d'avoir vécu mille vies en ayant fait le choix de la politique. Avec des moments merveilleux, d'autres qui l'étaient moins. Puis d'autres encore qui furent douloureux. Et parfois graves.

Je ne suis pas écrivaine et mon récit n'est pas un bilan définitif. Juste un moment de partage, comme de ceux que j'entretiens avec ma famille et mes amis, comme un témoignage de ce que j'ai vécu en allant dans la vie et dans la politique quand on est une femme, quand on est une jeune et que l'on travaille à côté, quand on est une Arabe et quand on est une musulmane. Une parenthèse de quelques douze ans dont le récit peut, je l'espère, aider d'autres à se lancer. Et à faire mieux, plus, et aller encore plus loin, en évitant, autant que faire se peut, les écueils auxquels je n'ai pas su moi-même me dérober.

Dans un monologue que j'adresse à ma mère absente, je me livre. Sans tabous, sans filtres. De toute ma subjectivité et de toute ma sincérité. Je ne prétends pas dire la vérité à travers ces lignes, je ne fais que partager la mienne. La vérité est un miroir brisé dont chacun détient un morceau disait Rûmi.

Les mots dits s'en vont. Les mots écrits restent. Non pour les inscrire dans le marbre, mais pour esquisser une réflexion. Pour donner à réfléchir. Ensemble.

Écrire ce récit m'a redonné l'envie, comme j'aimais le faire plus jeune, de me laisser aller à quelques vers. C'était à l'aube du 15 août dernier. L'inspiration m'est venue. Elle m'a chuchoté les mots suivants que je vous propose avant de me lire :

ENTRE É(MAUX)TIONS ET DES ESPOIRS

Je suis une histoire qui a commencé à Romans.

Et si j'étais un livre, c'est « allons vers » qu'il vous faudrait me lire, car c'est par ma faim que tout a commencé.

Dans une société qui m'a fait goûter à l'injustice et aux discriminations, voulant briser mon optimisme et mes prédispositions.

Lisez dans mes lignes ce que mon sourire ne vous dit pas.

Vous saurez tout ce qu'une vie ne pourrait résumer.

Vous y lirez qu'on m'accuse, qu'on me juge, qu'on me jauge, qu'on m'abuse.

Qu'on me regarde comme une barbare quand je dis *« Allah ou akbar ! »*.

Qu'on m'interpelle « toi, princesse de contes de fées » !

Moi cette survivor des comptes défaits.

Femme qui aime le rose et ose les talons aiguilles.

Je suis femme qui ose et qui a des rêves à l'infini.

Vous verrez dans mon récit que je ne suis pas qu'une femme. Que je ne suis pas une maire. Que je ne suis pas qu'Arabe. Que je ne suis pas à terre. Que je suis jeune encore un court instant. Que je suis Française musulmane tout le temps.

Libre et audacieuse.

Ivre et sinueuse.

Je vis de tout.

Je survis de vous.

Je rêve d'un « Nous » dans la langue de Molière dans mon pays qui me regarde pourtant comme une étrangère.

En 2020, notre pays n'est-il pas aussi celui de Jean d'Ormesson ?

Riche de ses passions et de ses origines.

Et qui offre 68 millions de déclinaisons.

Et qui fait de la vie d'un Louis XIV espagnol une histoire de France divine ?

Il fut Roi de France comme je suis moi aussi França.

Étrange femme politique et femme de couleur, je suis là où l'on ne m'attend pas.

Surprise du chef par ci,

Beurette de service par là.

Je refuse d'entendre que la France, ce n'est pas mon pays,

Parce que le Maroc l'est aussi.

Effrontée, je les affronterai.

Peuvent-ils comprendre ces nantis qu'il y a d'autres réalités ?

Dans leurs commerces ignobles, ils disent sans le prononcer,

Que certains devraient rester cantonnés dans leur tour de malheur,

Sur un tas de clichés, sur un tas d'horreurs.

Ma vie est complexe, ma vie est faite de contrastes.

Loin loin de leurs constats amers qui maintiennent la société en strates.

Je ne suis pas basanée. Je ne viens pas de l'UMP, pas plus que du gauchisme. Je suis un néologisme.

Une figure de style dont on commente la figure, qui en a marre et qui parfois crie.

Et qui crie.

Révoltée, incomprise. Mais éprise de liberté.

J'enrage, je pleure et je crie.

Et j'écris mes discours. Et je les offre haut au micro.

Pour que les « mâles entendants » me comprennent. Mon rouge à lèvres n'est pas une provocation. Mes talons aiguilles ne sont pas une soumission.

« Je vous emm… avec ma jupe, ma robe ou mon foulard. » Je voudrais leur dire que j'en ai marre, à ces connards.

Mais je suis un personnage public alors je dois être plus sage dans mes répliques.

J'édulcore et je leur dis alors qu'ils me lisent à l'envers.

Pourtant, je répète, c'est « allons vers » qu'il vous faut me lire.

Allons vers plus de Respect !

Allons vers plus de Justice !

Allons vers plus de Solidarité !

Allons vers plus de Fraternité !

De bien longs vers qui effacent si peu les peines et n'effacent en rien l'injustice qui m'a vue grandir.

Ses fléaux et ses sévices qui me minent et me verront sans doute aussi un jour mourir.

Ils seront mes maux de la fin, mais je ne veux pas les laisser en héritage, ni à vos enfants ni aux miens.

Je ne le fais pas pour moi, ne le faites pas pour vous.

Réveillez-vous et faites rêver notre pays. Faites-le pour la nouvelle génération. Pour lui ouvrir la voie des possibles et des sublimes constellations.

Même si je ne m'appelle pas Nelson, je veux que change ce Mand(e)la[1].

Trêves de bavardages ! Créons de nouveaux passages.

Changeons d'ores et déjà ce que nous pouvons. Faisons-le avec enthousiasme pour nos enfants.

---

1. Monde-là

Dire « nous » et avancer confiants.

Mes mots de la fin, ils sont ceux qui portent notre nation, ceux qui font battre le cœur de notre pays, qui font briller les yeux de notre belle France.

Mes mots de la fin sont ceux de notre devise républicaine, celle qui efface les peines et stoppe la brutalité, et qui un jour, je le sais, sera notre réalité.

Parce que j'y crois, parce qu'en elle j'ai foi.

Liberté, que je chéris.

Égalité, quête inassouvie.

Fraternité, ce lien d'amour qui nous unit.

Introduction

1 h 42. Ça sonne.

Je crois à un rêve, car je dors, profondément. Je retourne à ma nuit une fraction de seconde, une minute peut-être. La sonnette retentit une seconde fois. Ce n'est pas normal. Je saisis mon téléphone et le scrute, inquiète. Sept appels en absence.

Ceux de Salima. Vertiges.

Pour moi, c'est ma mère. Est-ce qu'elle est partie ? Je ne peux pas me dérober à cette situation. Je répète dans ma tête :

— Non, non, non, mon Dieu, non je ne veux pas vivre ça.

Cela n'augure rien de bon. C'est forcément une mauvaise nouvelle. Mon cœur s'affole.

Suis-je en train de vivre mon pire cauchemar ?

Je surgis de sous mon épaisse couette chaude. Je laisse mes rêves et d'un seul bond me voilà pétrifiée dans le couloir. Je cours paniquée en débardeur et culotte, ne sachant même plus comment mettre un pied devant l'autre. Je manque de peu de m'étaler la figure contre mon parquet gris en glissant sur le tapis de mon entrée.

— Non. Non. Je ne veux pas. Non, pas ce soir. Non, non et non.

Comme si mes incantations changeraient quoi que ce soit au mektoub[1]. Si ça doit arriver, ça arrivera.

Je jette un œil à mon visiophone en espérant que ce ne soit que mon voisin qui se soit trompé, comme cela lui arrive parfois. Mais le visage grave de ma sœur s'affiche.

Confusion. Je bute sur son image. Mon pouls bat plus fort encore. J'ai chaud d'un coup, puis de mes mains moites au sang glacé de mes veines, je frissonne de peur jusqu'en devenir livide. Et immobile.

Je n'attends pas que Salima monte les trois étages pour lui demander ce qu'il se passe.

— Ne panique pas, ne panique pas, me répète-t-elle en boucle, tout en montant les marches trois par trois.

1. Destin

Le temps qu'elle met pour arriver me paraît une éternité. Je tente d'ouvrir la porte. Je n'y arrive pas. Je suis coincée chez moi. J'entrouvre. Je passe une partie de mon visage pour m'adresser à elle, telle une prisonnière derrière les barreaux.

— Salima, je suis coincée, la porte ne s'ouvre pas ! Ouvre-moi stp !

C'est surréaliste. Je sais, mais je suis perdue. Je ne réponds plus de rien. Je ne me rappelle même plus comment ouvrir la porte de mon propre appartement.

Je n'ai qu'un mot en tête : maman.

— Maman doit aller aux urgences. Ne t'en fais pas, les pompiers sont en chemin. Il faut faire vite.

Elle essaye de me rassurer. Mais c'est trop tard pour cela. S'il n'y avait rien de grave, elle ne se serait pas pointée chez moi au milieu de la nuit.

Je tente malgré tout de me calmer. Je dois faire un effort pour me souvenir comment ouvrir une porte. Je décroche la chaînette du fermoir que je hais de toute mon âme comme si elle était à l'origine de ce raffut nocturne.

Salima rentre.

Je ne tiens toujours pas debout. Mes jambes se jouent de moi.

— Je ne sais pas quoi faire, dis-je sérieusement désemparée à ma sœur.

Elle me lance dans la foulée :

— Va t'habiller !

— Ah oui, c'est vrai. Je dois m'habiller. Je fonce dans mon dressing.

J'ai honte. Mon attitude n'est pas à la hauteur. Je perds tous mes moyens pendant ce court instant. Salima me surveille, assise sur mon lit encore chaud et froissé.

— Je ne sais même pas quoi mettre.

J'aurais pu sortir ainsi, c'est à dire presque nue, si Salima n'avait pas été là. Plus rien n'avait d'importance.

J'attrape un jean, mais mes jambes continuent à se moquer de moi. Ou est-ce moi qui suis définitivement larguée au point de ne plus savoir m'habiller ? J'enfile une première jambe. Le jean est froid contre ma peau, comme un pincement pour me rappeler que je ne rêve pas. Je mets la deuxième jambe, mais elle ne rentre pas. Je manque de trébucher, une fois de plus.

— Mais… C'est quoi ce bordel ? Lui aussi il s'y met. Je ne rentre pas dans mon jean. Tu le crois ça ?!

C'est normal, je viens en fait de mettre les deux jambes en même temps. Cela suffit à m'excéder, comme si le sort s'acharnait contre moi.

— Un t-shirt… je dois mettre un t-shirt…

Je baisse mon débardeur de nuit, je le descends jusqu'à ma taille, puis je prends un nouveau que j'enfile par-dessus. Je passe un bras, puis j'arrête, net.

— Où sont mes pulls ?!

En les cherchant, je m'aperçois alors dans le miroir. Comme une lueur de lucidité en me faisant face, je comprends que je suis bel et bien en train de vivre ce moment qui m'échappe complètement. J'explose en larmes. Je me dirige vers Salima. Je la serre dans mes bras. Avec deux débardeurs, le sein droit à l'air et un jean à moitié enfilé. C'est comme cela que je tente de la rassurer. Car dans cet intervalle de prise de conscience, je me dis qu'elle doit elle aussi être totalement paniquée.

Elle explose de rire face à cette situation hors du commun.

— Mais regarde-toi !

Son rire est contagieux et il est le bienvenu pour me sortir de cette scène incongrue. Elle a raison. Je n'avais plus aucun repère, et c'est son rire qui me permet de me ressaisir. Au moins le temps qu'il faut pour me vêtir.

— Respire ! Ça va aller.

— Je respire. Ça va aller.

Je répète mot pour mot ce qu'elle me dit pour tenter de me rassurer. Parce que je flippe totalement.

Une fois dehors, l'air frais de cette nuit de novembre vient me bousculer encore plus dans ma peur. Une bonne claque dans la figure.

Il faut faire vite. Je le sais. Je demande les clés de la voiture à ma sœur, me pensant apte à conduire.

— Non, tu trembles. Tu penses vraiment que je vais te filer les clés dans cet état ? dit-elle un sourire au coin des lèvres.

— Mais je tremble parce qu'il fait froid.

En réalité, je tremble parce que je sais que ma mère est en danger. Même moi, je ne me serais pas crue.

— Donne-moi les clés, insistai-je pourtant dans ma mauvaise foi. C'est moi ta grande sœur !

La réplique la plus débile au monde, mais dans mon meilleur jeu d'acteur quand j'y pense. Un sketch, sans vraiment en être un. Zéro sur l'échelle de la crédibilité. Une fois de plus, Salima choisit de rire. On monte dans son Air Force Ka, je pousse son bric-à-brac de nana qui pense à tout pour pouvoir poser mes pieds et fermer la portière côté passager. Et elle appuie sur le champignon. L'heure est grave. Nous devons arriver, vite.

Je n'aurais jamais pu conduire.

Dans un silence sourd, nous arrivons. Pas un chat dehors, pas même les nôtres. Juste la solitude de la nuit qui accompagne notre cortège. Je respire fort. Et je prie encore plus fort.

— *Ya Allah*, s'il te plaît, pas maintenant. *Ya Allah*, s'il te plaît, pas maintenant. Seigneur, ne nous la prends pas.

La nuit, les gyrophares, le camion de pompiers. Ils sont là. Devant la maison de mes parents. On sort de la voiture, on referme le plus doucement possible les portes comme pour ne pas perturber ce silence de mort. Je n'aime pas l'odeur de cette nuit. Elle porte le parfum de l'angoisse.

La peur nouée à l'estomac, je m'avance vers la porte principale après avoir franchi le portail. J'entends nos pas comme un décompte. Tic, tac. Tic, tac.

Est-ce trop tard ?

La porte de la maison familiale est grande ouverte. C'était sans doute pour laisser entrer le brancard. Sans savoir pourquoi, j'arrache une feuille d'olivier sur mon passage que je froisse entre mes doigts.

On est tous là, ou presque.

J'aperçois mon père, car c'est lui que je cherche d'abord.

Droit comme un « i ». La tête haute, trop haute pour que ce soit naturel. Mais c'est mon père, c'est mon phare. Il va me rassurer.

Je vois pourtant dans ses yeux que l'espoir l'a quitté. C'est peut-être déjà trop tard. Pourtant, on a fait vite.

Pas un bruit en dehors de mes pas que je précipite. Mon père est là, dans le hall d'entrée attenant à la chambre médicalisée de ma mère. Il se tient devant sa porte. Sa chemise grise dépasse de son pull vert foncé. Habillé avec élégance, en toute circonstance, même dans les pires moments. Il s'est même parfumé. Comme pour rester lui. C'est ce que je me suis dit avec du recul.

Il ne regarde pas en sa direction, à ma mère. Il me regarde, moi.

J'avance. À chaque foulée, j'ai peur de m'écrouler. Sans mot dire, je l'embrasse sur la joue. Je cherche juste son réconfort et à lui dire que je suis là moi aussi. Mon visage contre le sien, nos larmes silencieuses coulent et s'entremêlent. Profonde inspiration qui précède ses mots, je reste collée à lui et refuse de me tourner en direction de ma mère. Il me dit presque solennellement :

— *Kouni mra benti !** Sois une femme ma fille !

Sa phrase me percute. Sa phrase m'oblige. J'essaye d'être forte et courageuse. Est-ce cela le message de mon père ?

Je tourne la tête, toujours collée à lui. J'aperçois ma mère, alitée. Les yeux fermés. Sans aucune expression sur son visage pâle. Autour d'elle, l'équipe de soignants s'active. Ils font ce qu'ils ont à faire.

Sa poitrine se lève, sa poitrine se baisse. Presque aussi lentement que je l'écris. Elle souffre.

Je déteste ce que je vois. Elle est faible, plus encore en cette nuit. Personne ne parle. Ce silence m'impose d'accepter cette scène que pourtant je refusais.

Est-ce toujours dans ces moments-là que l'on prend conscience de tout ce que l'on a encore à dire aux personnes que l'on aime ?

Maman, j'ai tant à te raconter.

CHAPITRE 1
L'événement

Maman, aujourd'hui je vais te parler comme je ne l'ai jamais fait. Je veux tout te raconter, jusqu'à la saveur du dernier café que j'ai bu. Je te dirai mes peines et mes joies, je te parlerai de mes déceptions et de mes réussites et je te conterai ma rage et mon courage.

À toi, mon amour éternel et brûlant, je te dirai la teneur de ma vie au fil de ces années et de mes expériences.

À toi, ma force et ma faiblesse, je te dirai tout, même ce que je n'arrive pas encore à écrire.

LE DÉMÉNAGEMENT

Te souviens-tu maman du printemps 1989 ?

Tout est parti de là.

Je m'en souviens comme si c'était hier. J'aimais aller à l'école. J'étais heureuse d'y rejoindre mes copains de classe. On jouait aux billes, à la corde à sauter ou à un, deux, trois, soleil. On se chamaillait, on se boudait et on se réconciliait aussi vite. On était des gamins de notre âge, insouciants et effroyablement heureux.

Avec mon frère Driss, de deux ans mon aîné, et Fatima de trois ans ma cadette, nous rejoignions l'école des Méannes, suite à notre déménagement de la Monnaie. On quittait les barres d'immeubles et les tours du quartier pour un coin plus résidentiel de la ville.

Le ghetto, c'était fini.

Dans notre nouvel appartement, il y avait plus d'espace et de chambres. Je n'avais jamais senti l'odeur de la peinture fraîche avant ce jour. Les cafards ne couraient plus sur mon visage la nuit. J'avais moins peur le soir quand j'allais me coucher. Et ça, c'était vraiment chouette. Le moisi sur les murs de la salle de bain avait disparu. C'était plus joli et plus propre, se réjouissaient mes parents.

Par contre, côté commodités, c'était plus compliqué. Avant, on pouvait compter sur nos voisins de palier. Une grande famille. Et il y avait aussi l'épicier en bas de l'allée des Fuchsias. Pas besoin de prendre la voiture pour des courses rapides. Momo était ouvert sept jours sur sept, même les jours fériés. C'était un peu la caverne d'Ali Baba chez lui. On y trouvait tout ce qu'il fallait pour dépanner d'une situation de dernière minute. Le parfum très spécial de son épicerie me revient, comme une odeur étrange de viande crue et d'épices des *hanouts*[1] de Meknès.

C'est pour cette raison, maman, que je n'aimais pas manger de la viande.

C'est comme si je me promenais encore dans ses étroits rayons, à la recherche de quelques sucreries. Celles auxquelles nous avions droit, Driss et moi, de temps en temps. Un malabar ou deux, jamais plus, et même parfois un mister freeze. C'était jour de fête à la maison pour les petits mômes que nous étions. Cela suffisait à nous rendre heureux.

Dans les rues, on se ressemblait tous. Je me sentais bien et en sécurité. Il y avait toujours quelqu'un pour garder un œil sur nous. C'était tout simplement normal. Quand j'y repense, je me rappelle que c'était vraiment bien de pouvoir compter sur toutes ces personnes. J'ai gardé des souvenirs d'une incroyable précision — et ils sont plutôt agréables — alors que j'étais haute comme trois petites pommes.

Puis, on a découvert notre nouveau chez nous. Tout paraissait plus beau. Quand mes parents en parlaient, j'imaginais « le déménagement » comme un cadeau que j'allais déballer. Excitée comme jamais.

1. Boutiques

Nous étions passés dans un autre monde où tout était nouveau pour la petite gosse que j'étais. Même les habitants de la rue des charmilles étaient nouveaux. Ils n'étaient pas ceux de notre précédent quartier. Les tenues vestimentaires avaient changé. Je ne voyais aucune autre maman porter de djellaba. Les gens que l'on croisait nous toisaient avec une insistance inhabituelle. Je ne savais pas ce que signifiaient leurs regards. J'étais bien trop petite pour le comprendre. Mais je finirai par l'apprendre, vite.

Ils nous regardaient toi et moi. C'est pour cela que ma petite main agrippait si fort la tienne sur le chemin de ma nouvelle école.

Je crois que cette nouveauté-là me faisait peur. Je la ressentais parfois dans la cour de récréation de ma nouvelle école. Quand David ou Marc m'insultaient. Ils disaient qu'ils étaient « racistes ».

Je ne comprenais pas ce mot que j'entendais pour la première fois dans l'école de la République.

Eux non plus d'ailleurs ne savaient pas ce que cela signifiait vraiment. Ils ne faisaient que répéter ce qu'ils entendaient des adultes. Mais ce mot me disait quelque chose de négatif. C'était méchant, de toute évidence. Je le ressentais bien.

— Ça veut dire quoi « raciste » ? demandais-je une fois rentrée.

À la maison, vous m'avez appris qu'il n'y avait qu'une « race », donc le « racisme » n'existe pas.

Sans en comprendre véritablement le sens, c'est ce que je répondais fièrement à David et à Marc chaque fois que l'envie leur prenait de m'attaquer. Ils n'en avaient que faire de mon explication. Eux aussi, ils étaient fiers de se dire « racistes » comme on leur avait sans doute appris dans leurs maisons.

Pourtant, si jeune, on n'est pas raciste, car on ne naît pas raciste. À cet âge-là, on imite les adultes autour de soi. On mime les parents. On répète les gestes et les mots sans en connaître toujours la signification.

Mais pour lors, à l'école, avec David et Marc, on n'était pas copains. Qu'importe. Des amis, j'en avais d'autres.

J'aimais l'école. Même si aux Méannes, c'était différent de l'école Ninon Vallin où j'avais laissé mes amis Kaoutar, Mohamed et Songul. J'aimais aussi cette nouvelle école-là où mes amis s'appelaient dorénavant Ludivine, Maxence, et Cléa. Des prénoms que je n'avais jamais entendus auparavant. Ils n'avaient, eux non plus, jamais entendu le mien.

— Latifa ? C'est joli comme prénom.

— Merci.

— Tu sais ce que ça veut dire ?

— Oui, au Maroc, ça veut dire « bienveillance ».

Je répétais avec fierte, comme David et Marc, ce que mes parents m'avaient appris.

Dans cette nouvelle école, j'y avais fait la connaissance d'une enseignante formidable. J'en rencontrerai tout au long de ma scolarité.

C'est Nicole, maman, celle avec qui je suis allée en classe verte à Lus-la-Croix-Haute.

Nicole Rey, mon institutrice de CP, était aussi la directrice de l'école. Elle faisait attention à moi, plus qu'aux autres élèves sans doute. Elle m'aidait un peu plus que le reste de la classe, car ma lecture était parfois hésitante. Et aussi pour combler mes lacunes en français. C'est ce qu'elle disait à mes parents pour mon passage en CE1, même si mon jeune âge ne me permettait pas de comprendre tous les mots employés.

Je ressentais qu'elle avait cette attention particulière à mon égard parce qu'à la maison, même si mes parents suivaient comme il se doit ma scolarité, ma mère ne lisait ni ne parlait français, et celui de mon père demeurait incertain.

Elle m'encourageait souvent, et malgré des débuts peu prometteurs, j'ai appris à lire avec elle. Et à lire bien. C'est sans doute elle qui m'a donné le goût de la lecture en me mettant à l'aise avec des livres illustrés à la BCD de l'école. J'en empruntais parfois et les ramenais à la maison. Je me précipitais chez nous pour les montrer au reste de la fratrie, tel un trésor que je me réjouissais de partager avec eux.

Tu sais, maman, quand il m'arrive de rencontrer Nicole aujourd'hui encore dans les rues de Romans, c'est toujours un beau moment. Tu sais quoi ? Elle aime me le rappeler : « Madame l'élue, c'est quand même moi qui t'ai appris à lire », me dit-elle, le sourire complice au coin des lèvres.

J'aimais l'école, même si j'avais des lacunes manifestes dues à un environnement économique, social et culturel complexe, hors de question de me résigner. Je voulais apprendre. J'aimais apprendre. Tout le temps. J'allais à l'école avec le sourire. Tout le temps aussi.

Enfin... jusqu'à un certain jour. Ce jour où, pour la première fois, je me suis sentie étrangère dans ma propre classe.

L'ÉTRANGÈRE

C'est là que tout a commencé. Je n'ai pas eu le choix que de grandir d'un coup. Depuis, j'ai enfilé ma cape de « Wonder Girl » et j'ai décidé d'œuvrer pour l'Égalité, car touchée en plein cœur. Déjà blessée au plus profond de moi, même si je n'étais qu'une enfant.

Cette journée fut le point de départ de tout ce qui suivra.

Depuis, tout le reste de l'année qui a suivi, j'allais en classe avec une boule au ventre. J'en avais mal jusque dans la moelle de mes os, incapable parfois de me tenir debout.

C'était un après-midi de semaine, en leçon d'Histoire. Dehors, il faisait beau. J'étais contente comme pouvait l'être une enfant de mon âge.

L'âme vagabonde, le regard curieux, tantôt posé sur la stèle murale de l'entrée de l'école, qui me rappelait les vagues de la mer de Rabat dans laquelle je m'étais baignée l'été d'avant, tantôt concentrée à me rappeler des vers inventés que je réciterais, enjouée, à ma mère en rentrant.

Mystère de la mémoire. En t'écrivant ces mots, je me rappelle avoir lu ceux-là :

« Distraite comme nuage et fraîche comme la pluie

Trompeuse comme l'eau légère comme vent

Toi ma berceuse mon souci mon jour et ma nuit

Toi que j'attends toi qui me perds et me surprends

La vague chuchotant glisse dans ton sommeil

Te flaire et vient lécher tes jambes étonnées

Ton corps abandonné respire le soleil

Couleur de tes cheveux ruisselants et dénoués »

Pourquoi donc ces vers de Claude Roy me reviennent-ils soudain à l'esprit ?

Dans ma classe, je regardais Annie Cotte avec de grands yeux. Ceux d'une gamine en admiration devant une femme qu'elle trouvait jolie. Elle était ma maîtresse de CM1. Et en plus, elle avait une belle écriture que j'aimais contempler au tableau. Les boucles étaient parfaites, la taille des « t » et des « f » aussi. Je m'appliquais à écrire aussi bien qu'elle. J'espérais qu'elle le remarque. Mais il n'en était rien. J'étais invisible pour elle.

Elle me faisait rarement de compliments. À vrai dire, elle ne me félicitait que lorsque je faisais gagner ma classe en sport. Parce que même si j'étais petite, j'étais rapide comme un éclair à la course, aimait-elle répéter. Ce qui me valut, de sa part, le surnom de « Marie José Perec ».

J'ai tous les détails en mémoire.

Les rayons de soleil qui traversaient les fenêtres. La belle lumière partout dans la pièce. La disposition des chaises en bois bordées d'un jaune dynamique et des bureaux assortis. Là où j'étais assise. Mon voisin de bureau, Lilian Jacob et ses cheveux bouclés. La tenue que je portais, notamment ma jupe fuchsia.

Tu sais, maman, celle qui tourne et que je réclamais tout le temps de porter.

Celle de mon institutrice : un jean blanc resserré à la taille par une ceinture marron à boucle dorée, son gilet rouge qui laissait voir son caraco blanc à dentelle. Les dessins éclatants de couleurs qui tapissaient la salle de classe et lui donnaient une ambiance si particulière. Le petit bouquet de pissenlits et de pâquerettes fraîchement cueillis par l'une d'entre nous ornait le bureau bien rangé de la maîtresse.

C'était notre classe à nous.

Je me souviens de tout, comme si le temps s'était figé à cet instant-là. Il s'est cristallisé en moi. J'ai les images en tête avec une précision déconcertante. Mes petits coudes posés sur le bureau où mon cahier d'Histoire était ouvert, un Bic bleu posé par-dessus, mes bras croisés, sage comme une image, j'écoutais attentivement la maîtresse.

Comme toujours.

> *C'est toi, maman, qui me l'avais dit. « Il faut toujours écouter ce que la maîtresse dit. Toujours. »*

Nous apprenions l'Histoire de France. Quand soudain…

« Et en 732 après Jésus-Christ, Charles Martel chassa les Arabes hors de France. Les Arabes… comme Latifa. Parce que Latifa, c'est une Arabe. Nous, on est français. »

Stupeur. Silence. Bouleversement.

Sans le comprendre, sans le reconnaître, mais en percevant sa violence et sa brutalité, je rencontre pour la toute première fois le racisme.

Voilà comment je suis devenue Arabe en 732 après Jésus Christ avec la bataille de Charles Martel à Poitiers.

Tous les yeux de la classe se sont tournés vers moi. D'ordinaire timide et réservée, je n'ai supporté ni la quantité de regards qui venaient de s'abattre sur moi ni ce qu'ils prétendaient dire de mon identité : tu es de ceux que Charles Martel avait mis dehors quelques siècles plus tôt.

Un coup d'œil circulaire cherchant dans les yeux d'Annie Cotte une explication qui calmerait mon angoisse du moment, mais rien. Ni sa présence, ni celle des autres ne m'ont été rassurantes.

Un choc, maman. La bataille de Poitiers me marquera une bonne partie de ma vie.

Sans en comprendre le sens, je devenais donc, par l'injonction de la tenante de l'autorité morale dans la classe, une Arabe… une Arabe dans une classe… de Français. Il y avait moi, puis eux, remplaçant le « nous » auquel je pensais naturellement appartenir.

Quand le soir, je demandais à mon père si j'étais Arabe, sans lui raconter l'épisode de Charles Martel, il me dit avec fermeté :

— Tu es la première Française de la famille parce que tu es née ici *benti*[2].

---

2. Ma fille

Il m'expliquait, comme toujours, que j'étais Française, car née en France, à Romans. Que personne n'avait le droit de me dire l'inverse, ET Marocaine comme lui et ma mère, nés au Maroc.

— Toi, tu as la chance d'être les deux à la fois : Française et Marocaine, me répétait-il.

Il avait raison. Se prévaloir de deux cultures est une merveilleuse chance. Je comprendrais plus tard ces atouts et j'en tire aujourd'hui la plus grande satisfaction.

Pour lors, je ne voyais absolument rien de chanceux à ce que je ressentais. Enfant, je venais d'être projetée sans le vouloir dans la violence d'une crise identitaire.

J'étais une gamine de neuf ans dont la maîtresse venait de bouleverser sa croyance d'être comme les autres gamins de la classe. Avec ses mots, elle heurtait mon identité, moi, la première Marianne de la famille Chay. D'un seul coup, éjectée brutalement de ce « nous » auquel je n'appartenais plus, j'étais malheureuse. Et triste.

Je n'étais pour elle et mes copains de classe, depuis sa leçon d'Histoire, plus la copine Latifa. Mais une Arabe.

À l'époque, je n'avais pas dit à papa que c'était la maîtresse qui avait provoqué ma crise identitaire précoce. Sans doute pensait-il que c'était ce David ou ce Marc, dont je me plaignais parfois en rentrant de l'école qui étaient à l'origine de mes questionnements.

Serait-il resté si calme s'il avait su que cela venait de mon institutrice ?

Je ne me plaindrai de ma maîtresse que le jour où elle me tira violemment les cheveux alors que j'expliquais à ma copine de classe comment dessiner correctement des couteaux de mer.

C'est elle qui nous l'avait donné en consigne :

— Ceux qui savent bien dessiner peuvent montrer à leur voisin d'à côté, nous avait-elle dit.

Toute ma tête avait bougé de gauche à droite. Je ne comprenais pas ce qui m'arrivait, sauf une chose : j'avais mal. Au-delà de la souffrance physique du coup porté, il y en avait une plus profonde encore. La souffrance émotionnelle et psychologique de ce geste humiliant.

C'était tel que je n'avais pu retenir mes larmes à la récréation, ni même à la maison. J'étais bouleversée. Elle s'en prenait à moi, encore. Elle me blessait, de nouveau.

> *Vous étiez fous de rage papa et toi. Je le voyais dans vos yeux plus encore que dans vos voix inhabituellement fortes.*

Je culpabilisais. Et si j'avais dû me taire ?

Dès le lendemain matin, mon père se rendait à l'école demandant un entretien avec la directrice. Je ne saurai jamais vraiment ce qui s'est dit dans le bureau. Mais depuis cette rencontre, ma maîtresse était plus gentille que jamais avec moi.

Elle me cita même dans les fameuses phrases qu'elle écrivait au tableau. Un fait historique, croyez-moi.

La première d'entre elles, ce matin de mise au point avec mon père : « Latifa a du punch ce matin. » Phrase que nous devions recopier dans nos cahiers jaunes de français.

Elle répéta effrayée :

— Vous ne trouvez pas que Latifa a du punch ce matin ?

Une consécration ? Étais-je contente ? Pas vraiment. Bien au contraire même. En plus, je ne connaissais même pas la signification de ce mot. J'ai dû le demander à Hakim, le soir à la maison.

Ce matin-là, les douleurs d'angoisse me transperçaient les entrailles. L'attention soudaine de cette enseignante à mon égard n'était pas naturelle. Je n'en étais pas dupe et cela me mettait mal à l'aise.

Tu avais beau me rassurer en me disant que cela passerait, il m'arrivait parfois de m'absenter de l'école pour mes « maux de ventre ».

Mes parents le ressentaient bien. Mes grands yeux marron ne pouvaient rien leur dissimuler. Ils me rassuraient chaque fois que j'en ressentais le besoin.

Votre amour m'a toujours bordée de tous les côtés.

— Tu as bien fait de nous parler à ta mère et moi. Personne n'a droit de te toucher ou de te faire du mal, pas même ta maîtresse. Tu n'as pas à avoir peur d'aller à l'école *benti*. Si elle recommence, ou si quelqu'un d'autre t'insulte ou te frappe, tu dois nous le dire.

J'étais encouragée par mes parents comme par l'ensemble de la fratrie qui venait en aide à la petite sœur timide que j'étais.

Vous avez tout fait pour que je me sente rassurée. Et j'adorais plonger ma tête contre ton cou chaque fois que j'en avais envie. Ça sent tellement bon une maman.

D'autres expressions du racisme viendront émailler ma vie, mais cette première fois demeure la plus marquante.

Adulte, j'en ai encore plus voulu à Annie Cotte d'avoir parasité l'innocence de cette fillette de neuf ans qui n'avait ni les moyens de comprendre ni les moyens de répondre.

C'était à la fois grave et lâche.

Elle avait abusé de l'autorité que lui confère son métier pour distiller dans l'esprit des enfants que nous étions une différence entre nous.

Mais au fait, c'est quoi être Arabe ? C'est une question à laquelle j'ai souvent dû faire face.

Maman, tu te souviens ? Je t'avais parlé de Lilian Jacob, celui qui avait plein de bouclettes sur la tête. Il m'avait dit :

— T'es née en France, t'es Française, c'est tout.

L'IDENTITÉ

Qui suis-je ? Que suis-je ? Française ? Marocaine ? Arabe ? Qu'est-ce que je suis ? Différente de qui ? De quoi ?

Alors que je vivais dans un joli monde rempli d'amour, de curiosité et de gourmandise, jusqu'à cet événement qui me cantonne dans une case, tout bascule.

Je me suis sentie comme Alice aux pays des merveilles, rattrapée par le lapin blanc qui rappelle sans cesse le temps qui passe, mais qui me rappelle aussi mon identité dans une impasse. Comme l'héroïne de ce conte que j'ai découvert enfant, mon parcours sera une succession de remise en question, d'introspection et de choix dans un monde rêvé où le possible et l'impossible ne feront plus qu'un.

En attendant, j'étais une enfant, une petite fille, pleine de rêves à l'infini, qui venait d'être propulsée violemment dans le monde des adultes.

Je ne le savais pas encore, mais ce choc émotionnel venait de faire prendre un tournant décisif à ma vie. De cette blessure, j'ai construit ma force. Parce qu'elle est et restera une déchirure dans l'âme, dans le cœur et dans l'esprit.

Expression d'une frustration nourrie d'une épreuve trop lourde à porter pour l'enfant que j'étais, mon indignation demeure. Elle reste, même avec le temps. Elle s'ancre, même avec les années. Elle est inhérente à celle que je suis, portée tout le long de ma vie par une mission : celle de l'Égalité, car privée d'elle un jour à l'école, car brûlée à vif par la parole raciste.

CHAPITRE 2
Un voyage singulier

DE MOTS EN MAUX

Parmi ces choses que je voudrais t'exprimer, la première d'entre elles, c'est mon amour des mots. Ce sentiment vif et ardent est né de mes lectures. Tu le sais ça maman, puisque parfois tu peinais à m'extirper d'un roman dans lequel j'étais plongée, comme imperméable au reste du monde. Et à mesure que mon affection des mots grandissait, je me mettais secrètement à en écrire. Sans doute l'ignorais-tu maman, je l'ai toujours fait. Sur toi aussi, j'écrivais. Je ne t'en ai jamais parlé. C'est pourtant une passion que j'ai partagée longtemps avec une autre de tes filles, Hayate.

C'est elle la littéraire de la famille. Toutes les relectures de rédactions, de dissertations ou autres textes passaient par son œil expert. Même les récitations des poésies, il fallait les clamer devant elle afin de les offrir, disait-elle, correctement à la classe. Oui, s'il vous plaît ! Ce devait être à la fois juste et bien articulé. On répétait avec elle jusqu'à ce que cela rentre dans nos petites caboches.

C'est elle qui m'a reprise la première fois pour mon « si j'aurais su… ». Que n'avais-je pas dit !

— Non ! Les « si » n'aiment pas les « ré » ! On dit « si j'avais », pas « si j'aurais ». Ne dis plus jamais ça, c'est trop la honte.

Elle traquait mes fautes et reprenait avec plaisir les phrases que je lui soumettais, comme elle le fait aujourd'hui avec ses enfants. Intraitable, mais toujours bienveillante. Soucieuse que je comprenne mes erreurs pour ne pas les reproduire, c'est elle qui m'a transmis la rigueur de la langue de Molière.

Elle était ma prof de français préférée ! Mais plus que tout, elle était mon inspiration préférée. J'adorais la lire, et lire les citations qu'elle placardait partout dans sa chambre d'ado.

Repenser à toutes ses phrases, ses posters de Roch Voisine et de Georges Michael, me donnent l'impression d'avoir rencontré l'ancêtre d'Instagram, ou quelque chose comme cela : un mur plein de ses inspirations.

Quand elle le voulait bien, je lisais son journal intime, son grand cahier rouge. J'avais le sentiment de vivre ce qu'elle écrivait si bien.

— C'est beau ce que tu écris. Comment tu fais ?

— Une idée, une phrase. Faut que ce soit simple, OK ?

— OK.

Elle était la seule à qui j'avais laissé lire mon poème d'adieu à *« jedi*[1] » Mouloud, le père de mon père, juste après son décès. Parce que j'avais confiance en elle. Et qu'elle me comprenait, elle plus que les autres.

Je ne sais pas s'il est possible d'expliquer cette envie, parfois ce besoin. Comme si le fait d'écrire précisait ce que je pensais, ce que je ressentais. Qu'il me permettait de vivre pleinement une situation, ou à l'inverse, parfois de m'en extraire en devenant moi-même une observatrice extérieure de ce qui se passait autour de moi.

Écrire. Je l'ai toujours fait. Écrire. Pour moi. Pour comprendre. Pour me questionner. Pour interroger ce qui m'entoure. Pour soulager les peines, parfois. Pour prendre de la hauteur, comme on dit. Pour avancer.

Écrire. Pour prendre le temps.

Très jeune, j'écrivais des phrases, des textes, des poèmes sur des moments plus ou moins marquants de ma vie, sur la beauté d'un ciel ou la couleur d'une fleur, sur ma famille, sur mes coups de cœur ou mes coups de blues. Mes joies et les injustices. Des récits courts et concentrés en émotions. Explosifs parfois. Trop-plein de verbes. De superlatifs. Bourrés d'images impossibles. Folles, surréalistes, révoltantes, euphoriques, colériques. Jamais réalistes. Ou seulement quand c'était triste.

1. Mon grand-père

L'écriture, sur quelques morceaux de papier que ce soit, c'était rendre possible mon univers, de mots en maux, de circonstances en étonnements. Car le mot, qu'on le sache, est un être vivant. La main du songeur vibre et tremble en l'écrivant, disait Victor Hugo.

Je ne faisais jamais rien lire à personne. Sauf à Hayate, cette fois-là. Trop intime. Trop personnel. Trop moi. C'était mon monde. À moi seule. Un dialogue permanent entre moi et moi-même.

Mon écriture, ma grotte, mon refuge.

J'ai longtemps gardé précieusement mes écrits à l'abri des regards. J'aimais y retourner, les lire, leur donner du relief, les modifier, parfois aussi. Les dire à haute voix, comme pour m'en imprégner. C'était un rituel que j'entretenais avec mon for intérieur. Dans la plus grande discrétion, dans une famille pudique quand il est question de verbaliser les sentiments, j'aimais jouer avec les mots et j'aimais plus que tout que les mots jouent avec moi. À l'infini. Comme mon imagination. C'était ma porte ouverte sur le monde.

> *Maman, alors que je t'écris ces quelques mots, je lève les yeux et croise le regard de celui dont le monde des mots me fascine.*
>
> *Hasard ? Coïncidence ?*

C'est Fabrice Luchini, en cette fin d'après-midi, au milieu de ce tumulte de visages et de voix. Alors que venue dans ces lieux pour y chercher l'inspiration de ceux qui ont en fait la renommée, et alors que je cherchais mes mots, je voyais dans sa présence un signe. Après trois secondes d'une petite hésitation, je me lève, audacieuse et gonflée de cette expression que j'affectionne tant : « il n'y a pas de hasard, il n'y a que des rendez-vous. »

Je l'interromps à sa table et lui demande un conseil pour l'écriture de mon livre. Accueillant mon initiative de sa grâce, il m'invita au détour d'une conversation fabuleuse à lire et relire Flaubert, ainsi que tous les autres qu'il aime tant et tant déclamer avec style sur les planches.

C'était aux Deux Magots, maman. J'aime me rappeler la première fois que je m'y rendais. Nous y étions allés en famille pour revivre une scène culte de Rabbi Jacob, l'un de nos films préférés.

Posée à une table avec un chocolat chaud, un après-midi d'hiver, je me laisse tenter par leur délicieux « Deux Mille Feuilles ». Celui qu'Hélène, l'amie qui m'accompagne n'apprécie guère. Comment est-ce possible ?

J'oublie ma montre, éteins mon téléphone et observe ce qui se passe autour de moi. Comme j'aime le faire dans le hall d'une gare ou d'un aéroport, au détour des rues des villes que je découvre, et même partout où l'envie me prend et me surprend. Il y a quelque chose de magique dans ce ballet humain.

S'émerveiller d'un si beau spectacle, se laisser simplement porter par ce qui se passe, assister à des moments de vie, contempler ce qu'ils offrent, deviner le reste, leur inventer des vies. La vie est belle, dans sa simplicité.

J'aime saisir les instants de bonheur là où ils sont. Il se peut que l'imprévu en fasse un instant d'éternité, comme le fût cette rencontre.

L'imprévu offre toujours de belles surprises.

« *Iqra*[2] », c'est le premier mot de la révélation du Coran au dernier Prophète. C'est un appel à la réflexion, c'est un appel à la recherche, c'est un appel à l'assimilation de la connaissance et du savoir, c'est un appel à la curiosité, c'est un appel à la structuration de l'esprit.

Lire. Toujours et partout. Lire pour partir. Je m'évadais. Dans le temps, dans l'espace, dans les styles.

Je me souviens la première fois que j'ai pris un livre dans mes mains. J'en déchiffrais tout juste les mots. Je tournais ses pages avec tellement de délicatesse.

Je détenais un trésor inestimable qu'il me tardait de partager avec les miens. Tu te souviens maman comme j'étais euphorique ?

J'apprenais à lire. C'était en CP. Je m'en souviens encore. Ce même rapport, presque charnel, demeure. Persiste. Il s'ancre. De chaque livre lu se dégage le parfum d'une vie, le trait d'une personnalité, la lumière d'une âme. Une fois terminé, le livre me devient un ami. Précieux et intime.

---

2. Lis !

Le temps passe et j'entre dans ce que l'on nomme l'adolescence. Les livres que je lis me deviennent des amis imaginaires. C'est ainsi que je m'en ouvrais à ceux que je fréquentais au collège.

J'aimais aussi la forme des mots que je lisais, que je scrutais, que je dévorais des yeux. Elle disait autre chose de ce qu'ils signifiaient. Les hiéroglyphes, la calligraphie arabe, l'hébreu et les alphabets d'Asie me fascinaient. Des œuvres d'art devant lesquelles je m'extasiais.

Alors, un jour, au coin de mon petit bureau, je décidais d'inventer la mienne. Mon alphabet répondait à la logique du monde dans lequel je vivais. Je la partageais avec ma meilleure amie. Avec Virginie, on s'écrivait à longueur de soirées avec des caractères que personne ne pouvait comprendre. Nous n'avions qu'une hâte : nous retrouver le lendemain pour nous lire dans ce langage codé.

C'est aussi à cette période maman que je découvre l'engagement.

Si mes souvenirs sont bons, je suis en cinquième quand je deviens déléguée de classe. Pourtant timide et réservée, je force ma nature parce qu'il y a quelque chose de plus impérieux que ma personne : ma classe. Si jeune, je touche du doigt ce que l'on appelle l'intérêt général.

Maman, je me souviens alors de Zoubida. Quand elle est arrivée ici, elle avait le même âge que moi. Tandis que je vivais dans un monde fait d'amis imaginaires et d'un alphabet gardé jalousement secret, la jeune aînée de la famille quittait son univers et ses repères pour une contrée inconnue : la France.

Zoubida dit parfois en rigolant que nous n'avons pas eu la même éducation. Elle a raison. Car depuis leur village de naissance au Maroc et leur vie en France, pour mes parents, vouloir le meilleur pour leurs enfants a évolué.

Arrivée ici à douze ans, Zoubida est elle aussi une exilée. Avec tout ce que ce mot implique : dépaysement, contraintes sociales et économiques, barrières de la langue et tout ce que je ne peux qu'imaginer sans l'avoir jamais vécu.

Elle n'a pas fait de longues études parce qu'elle n'a pas eu la chance de tomber sur une bonne conseillère d'orientation. Au contraire, celle qu'elle rencontrait la guidait vers la voie que l'on consacre aux enfants de prolo d'origine maghrébine.

« D'origine maghrébine ». Dieu que j'exècre cette expression. Prononcée comme une sentence par certains, elle est une injonction indélicate qui dit « vous les Arabes qui êtes nés ici, OK vous êtes Français, mais pas vraiment ou en tous cas moins que les autres Français, les vrais Français, les Français de souche ! »

Elle prenait des boulots là où on l'acceptait. Physiques et épuisants. Souvent des ménages tôt le matin, aux heures auxquelles tout le monde dort profondément. Elle gagnait ce qu'il fallait pour s'occuper de ses deux filles, seule comme beaucoup de mères célibataires. Courageuse et vaillante. Elle était leur mère et devait en plus combler l'absence de leur père.

Le soir, après leur avoir raconté les incroyables aventures de Georgette et Gwendoline, elle embrassait tendrement ses princesses qui s'endormaient pour faire de beaux rêves. Zoubida, elle, commençait sa deuxième journée. Acharnée comme on peut l'être contre la vie parce qu'« on n'est pas né sous la même étoile, [...] la vie est belle, le destin s'en écarte, personne ne joue avec les mêmes cartes. » [3]

Elle décidait de reprendre ses études. Parce qu'il le fallait. Parce qu'elle avait la niaque. Parce qu'à son tour, cette fille Chay voulait offrir le meilleur à ses filles. Tous les soirs jusqu'à deux, trois heures ou quatre heures du matin, elle travaillait ses cours. En témoignaient les cernes qui se creusaient à mesure des journées et des nuits, des semaines et des mois qui la séparaient de son concours.

Elle réussit son examen. Celui qui lui a permis de devenir une aide-soignante merveilleuse avec ses patients des maisons de retraite, ceux dont elle parle avec affection et dont elle prend soin comme on aimerait qu'elle prenne soin de nous plus tard.

Elle m'a toujours impressionnée, maman.

Zoubida, c'est la force tranquille. Cinquante kilos mouillée, je la voyais pourtant comme une lionne prête à tout pour ses gosses.

---

3. *Nés sous la même étoile*, IAM, 1997.

Mes deux premières nièces ont grandi avec nous. Je n'avais que quatorze ans lorsque je suis devenue tatie. Chaymaa, le bébé de la coupe du monde 1998, nous rendait complètement dingues. Je ne la quittais pas du regard. Il en est de même pour Iman, le bébé de l'an 2000. Nous sommes tellement proches que nos deux premières nièces nous appellent par nos prénoms.

Tu t'en rends compte, maman ?

J'ai dû attendre la naissance de Awatef, le bébé de la Saint-Valentin, pour être appelée « tatie ».

Enfin !

Et maintenant il y a tous les autres. À chaque naissance, c'est l'éclosion d'un amour inconditionnel pour chacun d'entre eux. Tous. Je suis leur tatie, leur « tatie bonbon » même, parce que j'ai toujours une friandise à offrir.

Au fond, ils sont tous mes enfants. Nos enfants. C'est comme ça qu'on dit chez nous : nos enfants.

Mais l'adolescence, c'est aussi le viol de Linda. De six ans mon aînée, elle est la fille du couple de meilleurs amis de mes parents, une famille du quartier, d'origine oranaise. Ma deuxième famille.

Elle étudiait « entre la colline qui prie et la colline qui crie » (Lyon). [4]

À l'époque, toutes les mômes de familles comme la nôtre n'allaient pas à la fac. Mais Linda était brillante. Elle obtenait son bac avec mention. Tout le monde la félicitait par avance de ses réussites à venir. Ses parents étaient fiers d'elle. Elle m'était un modèle. Parce qu'elle combinait la grâce avec l'intelligence. Je voulais être elle. Je voulais marcher dans ses pas et j'imaginais déjà étudier là-bas ou ailleurs. Me passionner de culture, de philo, d'histoire, de religions, de tout, pourvu qu'il n'y ait pas de maths.

Ce qui déprimait papa. Tu t'en souviens maman ? Comment l'un de ses enfants pouvait-il ne pas aimer les maths ?

Manque de bol, en allant chercher son indépendance, Linda a croisé le chemin d'un pervers. Un vrai. De ceux qui rappellent les thrillers policiers américains.

À l'époque, elle l'avait présenté fièrement aux siens, voyant sans doute en lui l'amour de sa vie. Je l'avais rencontré, moi aussi. Même s'il ne m'avait pas fait bonne impression, je soutenais son choix.

Non seulement elle faisait ses études et était douée, mais en plus elle s'épanouissait dans une relation amoureuse.

4. Benjamin Biolay

Sauf que, ce n'était pas de l'amour. Mais une terrible histoire, avec un criminel digne des séries US. Il était violeur en série. Linda avait été l'une de ses proies. Vraisemblablement la première.

Petit à petit, il la coupait de sa famille, de ses amis, de sa faculté de droit la forçant à s'en désinscrire.

Si je t'en parle maman, c'est parce que c'est un sujet qu'on n'a jamais vraiment abordé. Pourtant, c'est un événement grave sur lequel j'aurais eu besoin que nous échangions plus.

Séquestrée, puis violée chaque fois qu'il rentrait de son boulot de fonctionnaire de mairie. L'horreur. C'est dans l'horreur que Linda a vécu. Avec « lui ». Je ne sais pas comment qualifier cette ordure. Un pourri. Un monstre. Et armé, en plus d'être violent.

Elle avait vingt ans et lui le double. Cette histoire a brisé toute une famille, et d'abord cette gamine. Elle s'est longtemps considérée comme responsable de son malheur. Mais quand on est violée, ce n'est jamais de sa faute. Jamais. C'est toujours de la faute du violeur. Toujours.

Il finira sa vie en prison, car c'est là qu'est sa place. Une bien maigre satisfaction, teintée de colère, d'incompréhensions et de questions qui demeurent.

Dix ans après les faits, le commissariat de police du coin avait repris contact avec Linda. L'enquêteur ressortait cette sordide histoire dans tous ses plus insupportables détails. La courageuse Linda, on la croyait enfin. Loin des « c'est votre parole contre la sienne, on ne prend pas votre plainte, mademoiselle. Laissez cette histoire derrière vous. »

La violence des mots, après l'horreur des actes.

Au moment des faits, la police acceptait à peine de prendre une main courante, lui refusant la plainte. Je crois que c'est là qu'elle a stoppé définitivement ses études de Droit, ne croyant plus en la Justice de notre pays, car abandonnée si jeune face à l'horreur de ce qu'elle avait subi.

Dans sa déposition, elle dressait le portrait d'un homme la retenant contre son gré, avec viols répétitifs, corroborant les plaintes de plusieurs autres jeunes femmes.

Un procès s'est tenu.

Elle s'y rendait pour témoigner, car son apport était central. Même si pour elle, il y avait prescription. Elle aurait pu ne pas y aller, mais il eut tant d'autres victimes après elle. C'est pour cela, par solidarité envers ses jeunes femmes, qu'elle acceptait de confronter ce criminel. Moi-même, j'avais été entendue par la police en tant que témoin, même si j'étais mineure au moment des faits. Les souvenirs de cette histoire glauque qui m'étaient douloureux demeuraient approximatifs, ce qui m'évita d'être appelée pour le procès. J'y serais allée, évidemment.

Je m'en suis voulu de n'avoir pu l'accompagner.

J'aurais voulu être là pourtant, à ses côtés et lui dire combien je l'admire toujours autant. Linda, mon modèle de courage.

Mais ce jour-là, j'étais avec ma famille. Comme un malheur n'arrive jamais seul, je n'avais pu être avec elle, car la semaine du procès de Linda coïncidait avec une hospitalisation d'urgence de Dadine, mon neveu.

Le premier garçon de la famille. Ton premier petit fils.

Né avec une défaillance neurologique, il est totalement dépendant et handicapé. À ses neuf ans, il avait déjà passé une grande partie de sa vie entre hospitalisations et soins médicaux lourds.

On s'y était presque fait à la longue.

Dadine, on ne le voit pas malade, hein, maman ? Il est différent, c'est tout. Dadine, il est unique.

Mais cette semaine noire, il avait fait deux arrêts cardiaques dus à un affaiblissement général de son état de santé, après une infection sérieuse des poumons. Son pronostic vital était engagé. Les médecins nous ont demandé de nous préparer. À devoir le débrancher. Pas d'acharnement thérapeutique.

Le choc.

On se relayait auprès de lui et de toi, maman. Je ne sais pas comment on a tenu, si ce n'est par la baraka d'Allah[5]*. Sans Lui, il y a longtemps qu'on aurait pété un câble ou deux. Il fallait penser à tout, pour être à son chevet et au tien, entre Lyon et Romans.*

C'était si dur de te regarder sans pouvoir t'expliquer maman. Si dur d'être forte pour toi, pour Dadine, pour Farid. Si dur d'imaginer nos vies sans la sienne. Je crois au fond que j'étais presque soulagée que tu ne puisses pas vivre cela. Parce que tu ne l'aurais pas supporté. Ou peut-être que je me trompe. Peut-être m'aurais-tu réconfortée ? Comme tu l'as si souvent fait. Peut-être.

J'étais autorisée, comme ceux qui le voulaient, à lui rendre visite pour lui dire au revoir. Une ultime fois, au cas où son cœur ne cesse définitivement. J'en fus profondément désemparée.

Je suis le protocole d'hygiène à la lettre, envahie par la pression de laisser entrer avec moi la moindre bactérie qui pourrait lui être fatale. Son système immunitaire était à plat. Je m'avance seule le long d'un couloir froid, chargé d'une émotion particulière. Je serre les poings. Je récite mes prières, inlassablement. Je prie le Seigneur dont j'attendais, dans le secret de ma respiration, un miracle. Je Le prie. Encore et encore jusqu'à ce que je ne puisse plus rien faire d'autre que m'effondrer de l'intérieur quand il m'apparut.

---

5. *Bénédiction de Dieu*

À le regarder ainsi, visage éteint, mais visage d'ange, intubé de partout, mon Dadine, quelque part entre la vie et la mort, je suis anéantie. Les mots qui décrivent « ça » n'existent que dans l'âme de ceux qui les ont vécus. Ils sont indicibles. Car douloureux à mourir.

Mes larmes coulent. Il ne peut pas en être autrement. En silence, pour lui montrer que je reste forte. Je l'embrasse affectueusement. Je tremble. Je lui livre mon message en passant mes doigts presque maladroitement le long de son visage d'enfant.

« Mon cœur, mon chéri, mon amour, tu es le bonhomme le plus courageux qu'il m'ait été donné de rencontrer de toute ma vie. Je suis si fière de toi. Tu t'es battu comme un chef ! Mais si tu souffres, tu sais mon Dadine, tu as le droit de partir. Là-bas, il y aura une partie de notre famille qui t'attendra. Et tu seras un ange parmi les anges. Je te le promets. Comme je te promets d'être avec tes parents et tes petites sœurs autant qu'il le faudra. Tu es et resteras dans nos cœurs pour toujours. Jusqu'à ce que l'on se retrouve, d'accord ? Alors n'aie pas peur mon cœur. Si tu veux partir, mon chéri, tu peux. On sera fort, comme toi. »

Sauf que ce petit bonhomme est tellement fort, qu'il n'avait pas dit son dernier mot. Il aimait sa vie et il s'est battu pour la garder. Depuis, il s'est remis et il continue d'inonder nos cœurs d'un bonheur infini.

Il est à lui seul un hymne à la vie.

L'année de mon bac, celle qui ouvrait la porte de l'après et de nouveaux horizons, se terminait en beauté.

À dix-huit ans, je passais mon code et mon permis. Je me suis même offert ma première caisse. Une Citroën AX blanche cinq portes, s'il vous plaît ! Si fière de ma titine, que je proposais à tout le monde de les déposer ici et là. J'avais tellement de punch, comme dirait Annie, qu'on aurait dit que je roulais en Rolls.

À mes yeux, c'est un peu ce qu'elle était. Parce que c'est seule que je l'avais achetée, comme cette grande que j'ai toujours voulu être. Pour me l'offrir, j'avais dû sacrifier mon année de fac de droit.

Je sais, ce n'est pas très bien.

Mais c'est plus compliqué qu'il n'y paraît. Une complexité que ne pouvait percevoir l'un de mes professeurs de droit.

— Comme chaque année, il y a ceux qui sont là pour toucher leurs bourses et profiter du système, m'accablait-il en me regardant fixement et en me désignant nominativement. N'est-ce pas Mademoiselle Chay ?

Il me scrutait comme une coupable.

J'étais tellement en colère contre cet abruti de première. Il ne m'en faudra pas plus pour me piquer dans mon orgueil. J'allais lui répondre d'une manière à laquelle il ne s'attendait pas.

Pourtant, je savais pertinemment que je ne suivrais pas d'études de droit, non pas que je n'en sois pas capable comme il le laissait sous-entendre, mais que je ne pouvais pas faire autrement.

Le seul plafond de verre que je n'ai pas pu briser maman, c'est celui-là. Mais qu'importe au final, car un plafond de verre n'est rien d'autre qu'un outil de mesure de la détermination.

Pour cela, il aurait fallu partir étudier à Grenoble ou Lyon, après une première année possible dans le coin. Comme Linda. Ce que mes parents avaient désormais du mal à imaginer, car l'histoire de mon amie avait établi de nouvelles règles. En plus des nombreuses séquelles qu'elle avait laissées.

C'est cela que ne savait pas mon prof de droit. Et ce qu'il ignorait aussi, c'est que j'étais décidée à lui faire fermer sa gueule.

Désolée maman, je sais que je ne dois pas parler comme ça.

Je me suis mise à travailler comme une dingue. Pour lui montrer qu'il avait tort. J'adorais cette excitation, celle dans laquelle je me trouvais quand je répondais à son évaluation. Je savais que j'avais cartonné, mais lui n'en savait rien. J'étais juste la pauvre du groupe, l'inculte arrivée là par hasard au milieu de « ces fils de », moi la « profiteuse du système ».

Je trépignais d'impatience pour découvrir à quel point ma note lui décollerait la rétine. Mon 15.5/20 suffira à cela. Je l'avais choqué. Et sa réaction était ma satisfaction. J'avais vu dans son regard qu'il avait vu dans le mien que c'était ma réponse à sa tirade anti prolo.

— Vous êtes surprenante ! Me lançait-il.

Comme si je venais d'accomplir un miracle. J'avais envie de lui répondre : « pas vous trou du c... ! », mais je suis trop bien élevée pour cela. Ma mère n'aurait pas cautionné.

C'est la dernière fois qu'il me verra à son cours. Même si j'avais pris mon pied en lui arrachant cette note, le sentiment de satisfaction ne fera pas long feu. Car cela ne me montrait en rien la voie de ce que je pouvais faire ici. La fac de droit était une impasse. Que je quittai finalement prématurément !

Je devais trouver une solution pour aller vers un meilleur avenir.

Quelles options me restait-il ? J'y réfléchissais tout en multipliant les petits boulots des boîtes d'intérim du coin. Les études que je voulais faire n'étaient pas possibles, car il aurait fallu pour cela quitter le domicile familial. Et partir loin de mon Romans natal.

Maman, je n'ai pas cherché à vous convaincre, papa et toi, pour aller faire mes études dans une ville universitaire. Je sais l'effroyable peur que vous aviez à l'idée qu'il puisse m'arriver la même chose qu'à mon amie Linda. J'ai respecté votre décision.

Si je l'ai un temps vécu comme une injustice, c'est vrai, je ne vous en veux pas. Cela relevait d'une décision bien plus complexe, une décision d'amour. Votre façon de me protéger sur l'instant.

L'équation n'était pas simple, mais il est une chose qui est sûre, trimer à l'usine, il en était hors de question. J'avais goûté à la pénibilité du travail et je refusais de me détruire la santé une vie durant comme tous ces ouvriers que je croisais tous les jours et qui n'avaient pas d'autres choix dans la vie.

Le BTS Droit des Assurances de Romans était fortement plébiscité. Je trouvais là un bon compromis entre études et rémunération. Deux ans après et six mois de recherche active d'emploi, je signais mon CDI. Yeah !

Parmi ceux de la promo qui obtiennent leur diplôme, tout le monde décroche un poste. Tout le monde sauf Aggeir et moi. Sans doute une coïncidence troublante. Les deux seules rebeux du groupe avaient mis plus de temps, beaucoup plus de temps que le reste du groupe à obtenir un emploi, à diplôme équivalent, même si on avait eu les meilleures notes de la classe.

Grâce à ce BTS, devenant indépendante financièrement, je me projette réellement dans l'après. Ce qui paraissait difficile à imaginer pour mes parents deux années avant devint possible. Je signe mon CDI, je quitte le cocon familial. Et je vis désormais à Grenoble.

Même si j'ai dû fournir plus d'efforts pour en arriver là, moi l'Arabe de 732 apr. J.-C., j'avais un taf.

Mais au fait, c'est quoi être Arabe ? C'est une question à laquelle on m'a souvent ramenée, comme pour me rappeler que je n'étais pas — que — Française.

Si je demandais à mon ancienne collègue de travail, Chantal, une quadra brillante, travailleuse et toujours tirée à quatre épingles, elle parlerait d'abord des Arabes qui foutent la pagaille à Grenoble. Un réflexe pavlovien chez elle. Cette militante pro Sarkozy râlait toujours.

Il y avait toujours un truc qui n'allait pas avec elle.

Elle avait un refrain qu'elle répétait en boucle :

— Les 35 h – la faute aux socialos !

— Les Arabes – la faute aux socialos aussi !

C'est cliché, je sais, mais c'est pourtant bien elle. Binaire et imperturbable, même quand je lui demandais si elle regrettait que la Maif ait mis en place les 35 heures dans la boîte. Son silence répondait pour elle.

Et moi, je souriais.

Pour elle, les Arabes, c'est aussi très cliché. Ils viendraient d'un chez eux où il y a des chameaux, du sable, beaucoup de soleil… Un endroit qui ressemblerait à un désert. Même si moi, me disait-elle, je n'étais pas comme eux.

— Mais toi, c'est pas pareil !

On la connaît tous cette phrase. Qui ne l'a pas déjà entendue ? Cela aurait presque pu être mon deuxième prénom « Toicépapareil » tant on me la répétait.

C'était un jour de semaine, à l'heure du déjeuner. Nous nous rendions régulièrement au restaurant la Gueule de Loup, non loin de nos bureaux du Sud Grenoble. Je marchais un peu plus vite pour me réchauffer. J'avais une requête en arrivant à destination, absolument banale.

— On ne mange pas en terrasse s'il vous plaît les copains !

Bien que nous sortions de l'hiver, il n'y avait pas encore assez de soleil pour la frileuse que j'ai toujours été.

En voilà une demande qui ne la surprenait pas du tout !

— Cela convient-il à tout le monde ?

— Ah bah oui, toi tu as l'habitude d'avoir chaud chez toi.

— Euh ? Chez moi ? C'est-à-dire Chantal ?

— Bah oui, le soleil, le désert, tout ça…

— Le soleil, le désert, tout ça… à Romans ? Pas vraiment. Ce n'est pas si différent de Grenoble, tu sais.

— Mais non, je te parle pas de Romans, mais de chez toi… Là-bas !

Il n'y a pas de là-bas. Il n'y a que des fantasmes. Chez moi, c'est Romans, dans la Drôme, en France. Point.

> *Combien de fois l'ai-je répété ? À combien de personnes ? J'ai parfois le sentiment de ne pas avoir quitté ma classe de CM1.*

Comme cette fois aussi, lors d'une soirée sympathique. C'était à Saint Donat, une bourgade de quelque quatre mille habitants.

Je faisais la même réponse, car il n'y en a qu'une, à cette question injonction « tu viens d'où ? ».

Une sexagénaire intriguée par ma présence et laissant traîner son oreille curieuse me répondra comme si elle venait de débusquer un mensonge :

— Mais il est là le problème ! Attention ! Je vous aime bien hein, disait-elle totalement désinhibée par la succession de verres de rouge qu'elle venait de prendre. Si tous les Arabes pouvaient être comme vous… Mais vous voyez, vous croyez que vous êtes chez vous ici. Bah non ! C'est chez nous.

Ma réponse lui avait considérablement déplu. Ils ont bien essayé de la calmer, et moi de m'en éloigner, mais elle revenait, même quand je dansais avec mes amis.

— La… la… Latissa… hé, vous, je vous aime bien, hé je suis pas raciste… en plus vous êtes belle hein ! C'est vrai ça, tout en me tirant par le bras, tentant de me convaincre, avec un argumentaire totalement farfelu, qu'elle avait raison.

Je la raccompagnais.

Parce que tu m'as bien élevée maman. Je l'installais dans une pièce confortable, lui donnais un mouchoir pour qu'elle essuie le noir qui coulait de ses yeux et qui lui faisait des poches de panda.

Et retournais à ma soirée. Le plus loin possible d'elle.

Je serai toujours surprise par ces intrusions dans mon identité, que dis-je ? - par ses agressions que je crois toujours d'un autre temps, définitivement révolues. Il n'en est rien. Elles sont toujours présentes et je serai toujours éberluée de les entendre.

Avec elle, comme avec d'autres, je devais constamment rappeler que j'étais Française, bien que je le sois depuis toujours. Depuis ma naissance. Je n'ai jamais vécu ailleurs qu'en France, répétais-je régulièrement à Chantal et à tant d'autres. Nous étions rarement d'accord avec cette militante de Droite, même si cela ne nous empêchait pas de bien travailler ensemble.

« Elle est comme ça, c'est pas méchant », tempérait Danièle, une autre collègue. Ou encore : « C'est l'alcool qui fait dire n'importe quoi » justifiaient les amis bienveillants de cette femme esseulée.

Voilà de quoi je devais m'accommoder pour des scènes, qui bien que régulières, me torturaient de l'intérieur.

ENGAGÉE

C'est à ce moment-là que je décide d'adhérer au Parti Socialiste.

J'avais décroché ce fameux droit d'entrée tant attendu pour être crédible aux yeux du monde professionnel. Sans cela, le reste m'était impossible. Je ne suis plus une charge pour mes parents. Tellement de choses naissent et jaillissent à travers le monde qui nous entoure, tellement de pensées me traversent l'esprit et m'empêchent de rester spectatrice. Je me devais d'agir.

J'avais longuement réfléchi à ce que je voulais faire, ce que je souhaitais apporter en tant que citoyenne. Nombreux furent mes amis qui boudaient les urnes, moi je persistais et me dirigeais lentement et sûrement vers le militantisme.

Aussi longtemps que je me souvienne, je me suis toujours intéressée à la politique. C'est un sujet que l'on partage volontiers dans la famille. Notamment avec mon père, ancien délégué CFDT, qui a toujours regardé l'avenir avec une confiance imperturbable.

> *La politique et l'actualité sont des sujets de conversation tout à fait banale chez nous.*

Comme lorsque Martine Aubry, sous le gouvernement Jospin, défendait la CMU. Je m'en souviens comme d'un événement majeur. Parce qu'on accédait aux soins, un droit nouveau pour tous, sous conditions de revenus. C'était un poste de dépenses élevé pour les familles comme la mienne. C'était une décision courageuse qui rétablissait un sentiment de Justice sociale, et élevée au rang des priorités la Solidarité. Une décision qui corrigeait les inégalités. Une décision de Gauche que je n'oublie pas.

On m'a souvent demandé maman, pourquoi je m'étais engagée en politique. Je répondais tout bonnement qu'à l'image d'Obélix, je suis tombée petite dans la marmite !

On ne se dit pas un jour spontanément : « Tiens, et si je m'engageais en politique ? » L'idée ne vient pas comme l'envie de suivre un cours de piano ou de danse. Les motivations sont invisibles à l'œil nu et découlent d'une histoire longue avec ses spécificités et ses réalités propres.

Je me suis engagée par nécessité. Cela dépasse ma simple personne. J'éprouvais le besoin presque physique et intellectuel d'agir pour un monde plus juste, pour que la solidarité revienne au centre de nos préoccupations, au cœur de notre société.

Avec un papa fan de Lionel Jospin, toi fan de Robert Hue et dans une maison où tout le monde commente l'actualité, je choisis le Parti Socialiste dès fin 2006.

C'était une évidence. Enfin, presque. Avant cela, j'ai vécu le traumatisme national du 21 avril 2002, l'année de ma majorité. Avec mes amis du lycée, nous étions nombreux à protester contre la présence de Jean Marie Le Pen au deuxième tour de l'élection présidentielle, et par la même occasion, nous dénoncions fermement le racisme, la haine, et le repli sur soi.

C'est ainsi que j'ai adhéré au PS.

Et en plus, je soutiens la candidature de Ségolène Royal - sans passer par le Mouvement des Jeunes Socialistes. Pas le temps pour cette case, qui par ailleurs était l'école qui formatait les jeunes adhérents. Même si c'était la norme, je passe outre, car à vrai dire, je voulais agir et agir tout de suite.

Ma cape de « Wonder Girl » n'était pas bien loin.

Peu de temps après, je compris qu'il y avait comme un rapport de domination de la part des militants du sexe opposé. En particulier avec ceux qui détenaient un semblant de pouvoir et que l'on appelait les éléphants du parti. Ceux-là mêmes qui n'ont jamais accepté sa désignation ont clairement saboté la campagne de Ségolène Royal, savourant à l'avance une défaite qui leur permettrait dc se servir par la suite.

Jc l'ai soutenue, car c'est elle qui incarnait toutes ces valeurs dans lesquelles je me reconnais de tout temps. Telles que l'émancipation, l'égalité, le progrès et la justice sociale qu'elle défendait avec ferveur. Elle ira jusqu'au second tour de l'élection présidentielle de 2007 et perdra face à Nicolas Sarkozy.

Tu sais ce que je pense de lui, parce que tu te souviens de l'état dans lequel nous étions Fatima et moi quand nous rentrions du bureau du vote où nous avions filé un coup de main.

Je poursuis mon chemin, et ma quête de Justice et d'Égalité fait que je me trouve au bon endroit au bon moment. Car l'année 2007, c'est aussi la période préparatoire d'un autre grand rendez-vous électoral qui compte énormément pour les Français.

En rentrant le week-end, quittant mon studio à Grenoble, je viens militer au PS.

Dans mon bled : Romans.

J'étais très bien accueillie. L'un des encouragements qui m'avaient le plus touchée venait de mon ancien proviseur de lycée. J'étais ravie de l'avoir désormais comme camarade à la section. Il est depuis un ami qui m'est cher et sur qui je peux toujours compter. Lucien Dupuis me conseillera chaque fois que nécessaire et m'accompagnait fièrement dans ma formation militante et politique. Sa franchise, son honnêteté et sa bienveillance étaient inspirantes et m'avaient sans doute aussi permis d'évoluer très vite. Je lui dois beaucoup.

Il est de ceux qui considèrent que la jeunesse est une force tant pour notre pays que dans les instances des partis politiques.

Une citation que j'aime répéter maman :

« Si la jeunesse n'a pas toujours raison, la société qui la méconnaît et qui la frappe a toujours tort. » Elle est de François Mitterrand.

J'en suis certaine, c'est ici, dans ce grand parti, que je vais pouvoir changer le monde. En fait, c'est ça mon objectif, depuis toujours.

Changer le monde. Rien que ça !

Mais en politique, on n'aime pas bien les gens comme ça. On les qualifie d'utopistes ou de rêveurs. Mais si on ne rêve pas, que se passe-t-il ? On n'avance pas.

Pire, maman. On régresse.

Le grand rendez-vous électoral qui se prépare, ce sont les municipales de 2008. Les deux candidats qui se livrent la bataille des primaires PS pour la tête de liste et devenir maire m'identifient et viennent me chercher. Simultanément.

Sans doute à cause — ou grâce, c'est selon — de ce que je représente. Même si je refuse d'être porte-drapeau, je le suis malgré moi. Tout ce qui dans la vie de tous les jours est un obstacle : le fait que je sois jeune et que je n'aie pas d'expérience pour un job, le fait que je sois une femme et que l'on soit moins bien rémunérée et considérée, le fait que je sois d'origine marocaine avec un prénom arabe et que cela pose des problèmes de discrimination à l'embauche, tout cela, comme par magie, devient un incroyable atout pour la politique.

Imagine ta fille qui débarque, un peu de nulle part. Vingt-trois ans à peine, salariée d'une boîte d'assurance, discrète, mais franche quand elle a la parole, qui présente bien quand on la regarde, au teint hâlé, dont le prénom n'est pas dans le calendrier et dont on suppose qu'elle serait musulmane. Bingo ! Je ne passe pas inaperçue.

Dans un milieu où c'est plutôt l'homme qui domine, plutôt blanc, plutôt d'une catégorie socioprofessionnelle supérieure, plutôt installé en politique depuis de très nombreuses années voire depuis des générations, au caractère plutôt affirmé et plutôt viril, tout cela crée un décalage plutôt très visible.

J'allais découvrir un monde bien éloigné de mon milieu d'origine et de mes fréquentations quotidiennes.

Le maire sortant, Henri Bertholet, remporte la primaire socialiste. Il devient officiellement la tête de liste et revient me chercher en disant :

— Je te veux dans mon équipe.

Je me rappelle ma toute première rencontre avec lui. Tu t'en souviens maman ?

— Mais c'est qui ce monsieur aussi grand que la Tour Eiffel et qui porte sur lui le drapeau de la France ?

— C'est le maire, c'est pour ça qu'il porte une écharpe tricolore comme le drapeau de la France.

— Le mère ? Mais c'est pas une maman.

— Non le maire, M-A-I-R-E c'est le monsieur qui s'occupe de notre ville, de l'école…

Il était venu pour l'inauguration de fin de travaux d'une annexe de l'école, je crois. Je n'avais pas tout compris ce jour-là, mais je me rappelle très bien l'excitation de lâcher des ballons de toutes les couleurs dans le ciel. Que c'était beau ! Si on t'avait dit ce jour-là, à papa et à toi, que treize ans plus tard je deviendrais maire adjointe, l'auriez-vous cru ?

Si la politique était chez moi une évidence, car elle s'inscrivait dans la continuité de mon engagement associatif et militant, je savais très vite que mon profil, s'il présentait nombre d'avantages, causerait pour le moins des réactions auxquelles je devais me préparer si je prenais part à l'aventure des municipales.

Ma vie de simple citoyenne était à bien des égards déjà bien différente des femmes et des hommes de mon âge. Cela a toujours été le cas. Nous l'avons vécu ensemble ça, maman. On a dû se battre pour tout.

Ma maturité, même avec zéro expérience, me surprend.

— J'accepte de partir avec toi, lançais-je au futur maire, mais à une seule condition. Si ce que je vois en politique ne me convient pas, je me réserve le droit à n'importe quel moment de quitter l'équipe.

Voilà ce que je lance, sûre de moi, à Henri lors de cet échange.

> *Je le lui dis, parce que j'avais peur d'être déçue. Parce que j'entendais les pires horreurs au sujet de la politique.*

Bingo ! On scelle ce pacte et je m'engage corps et âme dans la campagne des municipales.

Les camarades et colistiers découvrent une jeune femme investie. Je l'étais plus que de raison, car je ne voulais pas rater cette opportunité inédite d'exprimer mes idées politiques publiquement.

Un souvenir me revient. À l'heure des règlements de compte entre les élus sortants qui ne repartaient pas et ceux qui remboîtaient le pas pour 2008, j'interceptais, bien malgré moi, un échange tendu entre deux adjoints en poste. Nous étions dans le local du Parti Socialiste de la place Perrot de Verdun, lieu de toutes les tractations et négociations. Je ne savais pas quel avait été le sujet précis de discussion entre les deux protagonistes, mais j'avais été mise dans la conversation par un geste que je ne pouvais ignorer.

Pointée du doigt sans la moindre gêne avec une phrase dite suffisamment forte pour que les uns et les autres l'entendent, je ne pouvais feindre que l'on parlait, entre autres, de moi :

— Puisque c'est ça que vous voulez montrer, et bien vous n'avez qu'à montrer ça.

La personne à l'origine de ces mots semblait très affectée par une décision que visiblement elle ne partageait pas.

J'en avais fait les frais. Sa colère et ses larmes en témoignaient pour elle. Je me suis retournée et mon étonnement, face à ce geste pour le moins méprisant, se dessinait clairement sur mon visage. Je ne comprenais ni le ton ni le geste. L'autre adjoint, qui lui restait dans la course des municipales, une fois l'échange fini avec l'adjointe qui ne repartait pas, se précipita vers moi. Il craignait, sans doute, que je ne rebrousse chemin après avoir entendu les propos qu'elle venait de tenir à mon sujet.

— Ne t'en fais pas Latifa, s'inquiétait-il, ça n'a rien à voir avec toi directement, mais la politique, tu sais, c'est compliqué. C'est comme ça. On ne peut pas satisfaire tout le monde. Elle aurait voulu repartir. Or, on a besoin de renouvellement. Ça lui passera.

Il s'était montré particulièrement rassurant à mon égard. Je décidais de l'écouter, sans chercher à comprendre plus, et je suis passée outre.

Même si, je savais bien au fond qu'on était aussi venu me chercher pour cela : « montrer ça », ce que j'étais censée représenter.

Si j'avais parfaitement conscience du rôle dans lequel certains se réjouissaient de m'enfermer, je refusais que l'on me prête cette image de faire valoir. Mais malgré moi, je remplissais plusieurs cases dans une même liste : une femme (parité), une jeune (jeunesse) et Arabe (issue de la diversité comme aiment dire les politiques en période électorale).

Je n'étais dupe de rien. Qu'ils s'occupent donc à ça, pensais-je. Moi, j'avais d'autres choses à faire. J'avais une vision à partager et je construisais déjà la suite.

Tout cela ne faisait que renforcer ma détermination à saisir cette opportunité pour défendre mes convictions. Je ne laisserai personne me confisquer cette chance.

J'ai beaucoup appris de cette campagne. Jean Claude Pellerin se démarquait des autres. Il était fantastique dans son rôle de coach. Il appréciait mon engagement, aussi me le rendait-il en me formant au pied levé. C'est lui qui me transmettait les bases du militantisme à l'ancienne : le porte-à-porte, les argumentaires express, les rencontres dans les réunions publiques et tout ce que je devais savoir pour être une parfaite militante socialiste. Nos échanges étaient toujours très instructifs. Je partageais avec lui mes visions balbutiantes sur notre ville, notre pays ou sur les enjeux diplomatiques de l'Europe et du monde. Toujours attentif, il me répondait sur le fond sans jamais prendre à la légère mes interrogations.

Cet homme est une pépite, maman.

J'aurai beaucoup appris de nos échanges pendant cette campagne et tout au long du mandat municipal de 2008 à 2014.

Nous sommes élus. La campagne a été très belliqueuse. On arrachait la victoire à soixante-deux voix près. J'y avais mis mes tripes. À l'époque déjà, j'avais investi deux semaines de mes vacances annuelles. Deux semaines intégralement dédiées à cette première campagne à laquelle je participais en tant que colistière. Ce qui en avait surpris plus d'un.

Et ce n'était pourtant que le début.

Bien loin des goujateries masculines qui sont souvent la triste règle en politique, Jean Claude a toujours veillé à un équilibre des échanges entre les membres de l'équipe, y compris entre les femmes et les hommes.

Il m'encourageait toujours à prendre la parole et à défendre mes idées. Contrairement à d'autres en réunion, il se réjouissait sincèrement de voir la nouvelle génération s'exprimer et prendre des initiatives. Il le disait clairement et avec une rare bienveillance, dans un monde où chacun défend son bout de gras. Il s'inscrivait dans un passage de relais rassurant pour celles qui comme moi avaient envie de produire de la politique, mais qui étaient confrontées à la rudesse de son monde.

— J'ai fait mon temps. C'est à vous d'y aller maintenant. Montrez de quoi vous êtes capables les filles !

C'était ce type d'encouragements que l'on entendait Emilie Jungo et moi. Nous en avions besoin quand la quotidienneté de l'exercice politique jonchée d'embûches et de surprises souvent réservées aux femmes était difficile à supporter.

Je découvrais l'envers du décor. Enfin, celui qui est réservé aux femmes.

Je ne dirai jamais combien c'est dur d'être une femme en politique. Si je devais le dire en chanson, ça donnerait « être une femme libérée, tu sais c'est pas si facile » ! Je ne l'écris pas pour me plaindre, mais pour dire combien intégrer ce milieu encore majoritairement marqué par l'empreinte masculine est plus compliqué que l'on pourrait l'imaginer.

SINGULIÈRE

En politique, il y a deux espèces. Celle qui cumule les mandats et les privilèges, celle des hommes. Puis celle qui cumule les embûches et les embûches, celle des femmes.

C'est un peu tranché maman, mais c'est pourtant ce que je pense !

Et des embûches, nous les femmes, nous n'en manquons pas.

Nous avons dû nous battre pour tout : disposer de nos corps, étudier, accéder aux grandes écoles, travailler, prétendre aux postes à responsabilités, voter. Pour faire de la politique, aussi. Car elle demeure un monde d'hommes. Principalement.

Les procédés intimidants, conscients ou non, contribuent à la rareté des femmes dans l'arène politique. Elle est en soi un milieu qui n'est pas simple. Dur, hostile et aux codes parfois difficiles à comprendre, avec des fonctionnements souvent opaques et obscurs.

Et misogynes, de surcroît.

Cette chose ancestrale qui se partage dans l'Humanité et qui s'appelle « misogynie » est aussi solidement ancrée dans la politique.

C'est un combat sans merci, nécessitant un engagement quasi total, où l'on s'affronte sans se faire de cadeaux, plus rude encore à l'égard des femmes qui osent l'aventure.

J'étais parfois découragée par les réponses qui m'étaient faites. Personne ne peut se complaire dans un environnement si virulent en s'exposant quotidiennement à des aboiements agressifs.

Personne ne nous explique son fonctionnement, et encore moins ses dysfonctionnements. On ne nous file ni les clés ni les codes. On ne nous dit pas comment cela marche. On te met dans la fosse aux lions, et si tu arrives à survivre, c'est déjà pas si mal.

Finalement, cela me convient, parce que je crée mes propres règles du jeu. Ils ont les leurs et ils ne veulent pas les partager ? Alors, j'invente les miennes.

Je développe dans le même temps la conviction que pour changer les choses, c'est à l'intérieur qu'il faut être. À l'intérieur de cette jungle.

Je gravis les échelons à une vitesse fulgurante. Ce qui a forcément créé des inimitiés à mon égard. Il y a tant d'anecdotes à ce sujet que je voudrais te raconter.

Il y a eu des quolibets, des ragots en dessous de la ceinture qui allaient bon train, des mains aux fesses, des « j'ai envie de te baiser comme j'ai envie de pisser », des gratte-grattes nocturnes à ma porte lors des séminaires en déplacements…

Mon entourage, essentiellement les hommes, m'invitait à ne pas tenir compte de ses remarques, de prendre tout ceci avec recul, car ces attitudes étaient courantes envers les femmes dans ce milieu. C'est horrible et ignoble, mais j'en verrai d'autres et il valait mieux, me disait-on, que je m'y fasse.

C'est une forme de banalisation très grave qui ne permet pas de faire évoluer les mentalités. Aucune personne ne devrait s'habituer à être ainsi traitée juste parce que née femme. Aucune remarque sexiste ne doit être banalisée. La laisser courir sans condamnation ferme, c'est ouvrir la voie à la suivante.

Je formule un grand regret aujourd'hui, celui de ne pas avoir été plus ferme dans mes dénonciations.

Tout cela, je le gère comme je peux, mais je n'en parle pas.

Surtout pas à toi maman, parce que j'ai sans doute voulu te préserver de la brutalité de ce monde. Même si c'était dur à encaisser, je n'étais pas prête pour t'en parler.

Avec l'expérience, j'apprends à utiliser mon « statut de femme ». À vrai dire, je ne le fis qu'une fois, après avoir été désignée adjointe à la Culture et au Patrimoine, en plus de mes autres délégations.

Je portais un projet auquel je tenais beaucoup : le prestigieux musée de la Chaussure. Nouvelle adjointe à la Culture, je n'oublie pas l'enfant que j'étais et qui n'avait mis les pieds dans un musée qu'une seule fois dans sa vie.

Je découvrais la Culture plus tard que l'entourage que je côtoyais désormais. Aussi voulais-je que le plus grand nombre puisse en profiter, que la Culture s'adresse et profite à tous. Sans exception.

> *J'étais très exigeante sur ce projet. La question de l'accès à la Culture me prenait aux tripes.*

Le musée me touche, car il raconte plein de ces choses que je trouve absolument merveilleuses et qui vous transportent loin de tout. Une remarquable collection de 20 000 pièces venant des cinq coins du monde, retraçant 4000 ans d'histoire, avec un bâtiment et son jardin en apparence austères qui disent tant sur sa beauté.

Même s'il se cache derrière des murs élevés, le musée est à mes yeux le cœur même de notre cité. Plus que je ne l'admire, je l'entends battre. Je garde un si beau souvenir de notre première fois là-bas avec mes parents. C'était un moment inoubliable de découverte et de partage.

Ce n'était pas prévu par les statistiques tout ça, mais papa et toi, vous décidiez de le prévoir quand même.

J'ai d'ailleurs cultivé mon propre musée de la chaussure. C'est que je collectionne les souliers pour mon plaisir personnel.

J'adore les chaussures. Et les plus belles, ce sont les tiennes. Celles que je te piquais enfant.

À l'époque, le premier adjoint Philippe Drésin est également président de l'intercommunalité et c'est à lui qu'il faut demander les gros sous pour les projets d'envergure.

Maman, lui c'est G.I. Joe, le bon soldat de son mentor, coupe stricte à la brosse dont pas un seul cheveu ne dépasse, il voit des chiffres de partout. Il en est même fou.

Nous partageons une passion commune et improbable : les chaussures. Ce qui devient pour la circonstance un incroyable atout. Car c'est précisément ce qui va me permettre de débloquer les fonds dont j'ai besoin pour le projet du musée. J'en discute d'abord avec son directeur de cabinet :

— Manu, j'ai besoin de 3 millions d'euros pour mener à bien le projet de réhabilitation du musée dont on parle depuis un moment.

— C'est mort, il ne voudra jamais, même pas la peine d'en discuter avec lui. Tu perds ton temps. J'ai vu avec lui, les comptes sont ficelés… Au mieux, tu pourras obtenir… 750 ou 800 000 euros.

Ce sont de gros chiffres, mais j'ai besoin de 3 millions d'euros. Je n'ai pas dit mon dernier mot, car le musée est un outil culturel à destination des jeunes et adultes dont le rôle éducatif, culturel et social méritait d'être renforcé, et également un incroyable outil au service du développement de notre territoire avec un enjeu patrimonial et touristique fort.

Et pour moi maman, changer le monde, à ce moment-là,
ça passe par le projet du musée.

« Quel est le plus grand péril de la situation actuelle ? L'ignorance. L'ignorance plus encore que la misère. L'ignorance qui nous assiège et nous investit de toute part. » disait Victor Hugo le 10 novembre 1848, s'élevant contre la réduction des dépenses culturelles. Ses mots résonnaient en moi. « Il faut relever l'esprit de l'homme, le tourner vers la conscience, vers le beau, le juste et le vrai, le désintéressé et le grand. (…) Que faudrait-il faire ? Il faudrait multiplier les écoles, les chaires, les bibliothèques, les musiques, les théâtres, les librairies… » Je rajouterai : et les musées.

Mes convictions autour de ce projet sont fortes, aussi refusais-je de céder.

— Organise-moi une rencontre avec Philippe, s'il te plaît.

Avec les notes de mes services, et des nombreuses réunions avec les trois responsables concernés, j'élabore le plan « sauver le soldat musée ».

Entre temps, Manu me redit que la rencontre que j'ai demandée est inutile.

Je savais qu'avec l'intraitable G.I. Joe, je devais prendre de la hauteur si je voulais être entendue.

Nous voilà au jour de la rencontre. Je sais qu'une fois dans son bureau, nous serons assis autour de sa grande table transparente en verre. Cela fait partie de mon plan. C'est ici que cela va se jouer.

J'enfile ma dernière paire d'escarpins rouge. Une qu'il ne connaît pas. Brillants à souhait, élégante coupe italienne, talons aiguilles de 10, plateforme de 2. Pour le reste, je suis habillée sobrement, pour laisser toute la place à mes magnifiques souliers vernis de jouer pleinement leur rôle.

Tout marche à merveille. G.I. Joe me regarde à peine dans les yeux alors que je lui parle, car trop occupé à scruter chaque détail de mes godasses qui brillent de mille feux sous la table autour de laquelle nous sommes assis pour parler gros chiffres.

Qu'est-ce qui se passe selon toi maman ?

La réunion ne dure que quelques minutes. C'est ce qu'il m'aura fallu pour passer de 750 000 euros, peut-être 800, à 3 millions d'euros. Tout cela sous l'œil ébahi de Manu. Voilà comment j'avais sauvé le soldat musée, avec une paire de 10 cm, plateforme de 2.

Tout mon travail, toutes mes notes, tous mes argumentaires, toute mon éloquence, je ne peux qu'admettre et déplorer que mon meilleur atout dans cette négociation, ce fut mes pompes. Vertigineuse expérience !

Je comprenais très vite que mon engagement politique ne serait pas un long fleuve tranquille.

J'attendais les enseignements et les rebondissements avec une certaine impatience, je l'avoue. Je ferai réagir. Par le simple fait d'être moi, sans même avoir à parler, à porter mes idées, et parfois juste en chaussant des escarpins hauts.

J'étais à moi seule un concept politique. À l'intersection de plusieurs problématiques, dues au strict hasard de ma naissance.

En cours de sociologie dans une classe de première, je suis invitée à intervenir. La première heure de classe se passe très bien.

Les élèves sont suspendus à la parole de leur prof de sciences sociales. Une pépite lui aussi maman. Et une chance pour nos mômes.

Le prof introduit le cours avec la question du déterminisme social. Je dois intervenir sur la deuxième partie, intitulée…

Roulement de tambours… « Les trajectoires improbables », illustrées dans le manuel scolaire de nos enfants, payés par l'argent du contribuable, par la photo de N'golo Kanté.

Maman, mais on marche sur la tête !

Par l'intitulé en lui-même — même s'il est à prendre au sens sociologique du terme — car c'est comme si on enseignait à nos enfants qu'ils ne pouvaient quasiment jamais sortir de leurs conditions sociales, sauf à devenir des footballeurs professionnels. C'est faux !

« Les trajectoires singulières » sont plus adaptées, car elles donnent à voir quelque chose d'unique, comme l'est chaque trajectoire, tout simplement.

Des N'golo Kanté, des Kylian M'Bappé, des Antoine Griezmann n'ont pas de trajectoires improbables, ni même singulières. Eux, ils sont hors calcul !

Combien sont-ils en France ?

Vingt-trois sur 68 millions de Français. Ce n'est pas une « trajectoire improbable », c'est un destin exceptionnel. Celui de toute une nation.

Pour illustrer les trajectoires singulières, celles qui sortent de leur déterminisme social, il n'y a qu'à valoriser celles qui sont présentes dans nos 36 000 communes.

Et il y en a maman !

Ils ne restent pas à leur place et deviennent cardiologue comme Idriss, journaliste comme Nassira, avocat comme Nabil, professeure comme Salima, ingénieur comme Yanis, élue comme Nisrine, ministre comme Azouz, pilote comme Driss, fondateur d'une ONG internationale comme Steve, sage-femme et psychologue comme Nadia, auteur et réalisateur comme Nadir, responsable RH comme Ozcan, programmateur informatique comme Babakar, infirmière comme Fatima, docteur en psycholinguistique comme Noumane, explorateur polaire comme Faysal, chirurgien-dentiste comme Norddine, entrepreneur.es comme Haikel, Aicha, Rachid, Sarah, Fawaz et tellement d'autres encore.

Nos jeunes n'auraient-ils pas plus de facilité à s'identifier aux parcours des aînés qu'ils peuvent croiser dans leurs villes ?

> *C'est par ces exemples-là qu'on ouvre les champs des possibles. Précisément parce qu'ils ne partent pas sur un même pied d'égalité que les autres et qu'ils arrivent là où ils n'auraient pas dû être.*

Des profils possibles grâce à l'école de la République, d'un peu d'huile de coude et de beaucoup de détermination, il y en a. Beaucoup plus que nos vingt-trois champions du monde qui ont ramené la Coupe à la maison.

Celui qui diffère de moi, loin de moi, loin de me léser, m'enrichit.

Ma singularité, elle est là. Elle se dessine autour de ce que les uns considèrent comme des défauts et qui sont, en réalité, autant d'opportunités qui m'ont permis d'en arriver là.

Parce que femme. Parce que jeune. Parce qu'Arabe, d'apparence. Parce que musulmane, supposée.

Parce que moi, tout simplement.

Je suis différente du personnel politique auquel on nous a habitués depuis toutes ces années.

> *Là encore maman, je n'étais pas à ma place. Je suis en dehors de la case à laquelle certains voudraient m'abandonner. Mais l'appel de ma mission de gamine de neuf ans est beaucoup plus fort que ce que je vis en tant que personne.*

Pendant la présentation de la liste des municipales devant les militants du PS, on me surnommait déjà « la surprise du chef ».

> *Tout le monde n'a pas le privilège d'être la « petite Maghrébine » placée si haut dans une liste. Je me suis vite démarquée des autres. Bien malgré moi, si jeune et encore timide. J'avais beau m'asseoir tout au fond du local pour me fondre dans la foule, j'étais scrutée de la tête aux pieds.*

— T'as vraiment de la chance, tu sais, me disaient certains.

J'aurais aimé qu'ils aient vécu un peu de nos vies pour leur faire comprendre que la chance n'était pas vraiment de notre côté.

Comme si je ne devais ma place dans cette liste que pour ce que j'étais supposée représenter. Et s'ils disaient plutôt le fond de leur pensée : « t'as vraiment de la chance, tu sais, car tu ne devrais pas être là ».

Était-ce le cas ? Il y avait bien quelque chose de cet ordre-là. Je le voyais bien.

Dans cet exercice auquel j'étais confrontée pour la première fois, je m'en tirais bien. Très bien même. Sans que je n'y sois pour quoi que ce soit.

C'est un peu le jackpot pour un candidat à la mairie quand il faut trouver trente-neuf noms pour représenter toute une ville. L'équilibre est dur à construire. Ce n'est pas simple. En cela, j'étais une bonne pioche et je n'en étais pas dupe.

À la mairie, j'avais été propulsée au rang d'adjointe sans m'y être véritablement préparée. À l'âge de 23 ans, je devenais la plus jeune adjointe que la ville ait eue et j'étais, de surcroît, la benjamine du conseil municipal. C'était un beau geste de la part du maire. Il adressait de cette façon, pensais-je, un message fort à notre jeunesse. Il me confiait, dans un premier temps, deux délégations : celle de la Jeunesse et des Relations Internationales. Je mesurais avec responsabilité la confiance qui m'était accordée. Je la lisais à l'aune des efforts et implications réels que j'avais fournis pendant la campagne, et de mon envie trépidante de faire bouger les lignes, comme on dit.

— Tu n'y arriveras pas, tentait de me décourager un autre élu.

Il siégeait au conseil municipal depuis si longtemps que cela ne le gênait même plus de se curer le nez en pleine réunion, d'en former des boulettes et de les jeter par-dessus son dos. Il le faisait souvent. Ni vu ni connu. L'élu de continuer :

— Ce n'est pas de ta faute, tu sais. J'ai l'expérience que tu n'as pas, c'est de sa faute à lui (comprendre le maire). Il te fait porter un costume trop grand pour tes épaules. Tu n'as pas les compétences et tu ne sais rien de la Jeunesse. Comment pourrais-tu y arriver ?

C'est vrai ça. Je n'avais pas fait d'études en lien avec les thématiques publiques. Mais j'avais bien plus. J'avais la niaque, la détermination rageante d'y arriver. L'opiniâtreté.

Lui aussi, il allait bientôt comprendre que je n'étais pas venue enfiler des perles pour faire un collier à ma Barbie.

Là où il n'avait pas complètement tort, c'est que sans moyens, c'était impossible d'y arriver. Je comprenais très vite que la Jeunesse était en fait une coquille vide. Pas de service, pas de technicien, pas de ligne budgétaire.

J'étais l'adjointe à une délégation en réalité inexistante.

M'en satisfaire ? Impossible. La Jeunesse était et demeure à mes yeux une priorité absolue. J'étais bien déterminée à faire prévaloir mon point de vue à l'ensemble de l'équipe municipale. Je le faisais d'abord savoir au maire lui-même et à G.I. Joe.

Maman, je leur pose un ultimatum.

Si je n'avais pas les moyens humains et financiers pour la Jeunesse, si arrogante pouvais-je paraître à ce moment-là, je rendrais cette délégation vide. C'était sans équivoque.

J'étais sûre de moi maman, car il était hors de question que je ne fasse que de la figuration. Je voulais agir, surtout pour la Jeunesse, pas avoir un titre à exhiber.

Peu de temps après, j'obtiens gain de cause et Christian Bouché devient directeur Enfance Jeunesse Éducation à la ville. La première vraie bonne nouvelle pour ma politique Jeunesse.

Militant infatigable du service public, compétent et reconnu pour son implication dans la ville et dans les projets que nous portons, j'avais, en la personne de Christian, un directeur fiable et impliqué en faveur d'une politique que je voulais ambitieuse.

Lui maman, c'est l'Alchimiste des politiques publiques.
Ce qu'il touche, il le transforme en or.

C'était le début d'une belle aventure. Et d'une grande amitié.

Nous nous lançons dans l'élaboration de cette mission, avec un enthousiasme partagé. Ce qui me valut d'aller chercher plusieurs prix récompensant le caractère innovant de celle-ci.

Au Sénat d'abord, où je reçois le prix de l'innovation territoriale.

C'est un peu la Coupe du monde de football des élus.

Je me rends également en Corée du Sud, où je partageais la tribune avec des maires de grandes villes lors du Congrès Mondial des Villes Éducatrices pour parler de ma politique Jeunesse.

J'étais fière d'être arrivée là maman.

Christian et moi, nous nous entendions bien. Les dossiers avançaient. Très bien même. La communication suivait elle aussi, grâce à une complicité et un travail de qualité. Ce qui valait à mon action politique d'être clairement identifiée, et moi-même par la même occasion. Je travaillais et je proposais des délibérations que je portais avec pugnacité en conseil municipal.

Ce qui me vaudra le surnom, par G.I. Joe de « Just Do It ». Et de continuer : « quoi que l'on te file, tu le fais toujours sans te poser de questions, tu fonces et tu y arrives toujours ! » disait-il.

Il me félicitait régulièrement pour l'investissement et le travail que je fournissais. C'était sincère. En tous cas, au début. Parce que cela ne durera pas longtemps. Il finira par regarder mon ascension avec une certaine défiance, considérant, je suppose, ma volonté de bien faire comme le signe d'une appétence politique à laquelle je n'avais pas moi-même songé.

Au départ, en tous cas.

Il se méfiera de moi, comme d'Emilie Jungo, l'autre jeune adjointe. Elle était en charge de la Culture et au Patrimoine. Il n'hésitera pas à nous utiliser, tentant de saboter notre complicité et notre implication.

J'appréciais nos échanges avec elle.

Il nous arrivait, en marge de l'avancée de nos affaires politiques, de vider notre sac, assez régulièrement, sur la façon qu'avaient certains de nous critiquer et de vouloir nous rabaisser à un rang subalterne. On se félicitait aussi de nos réussites. On se conseillait. On s'entraidait.

Bref, non seulement nous ne nous sentions pas en concurrence, mais nous étions solidaires. On appliquait cette solidarité spécifique aux femmes, sans la nommer, que l'on appelle sororité.

Tu vois maman, à ce moment-là, j'associe les problèmes rencontrés dans la politique à cet entre-soi masculin.

Nous étions résolues à continuer dans cette voie avec détermination, loin d'être découragées par les aléas de notre quotidien de jeunes éluEs.

Lorsque nos délégations se croisaient, loin de nous l'idée de nous « crêper le chignon », loin des guerres de chapelles qui sont la triste règle dans l'arène politique à l'ancienne. Nous savions trouver les ajustements pertinents pour avancer efficacement, sans nous inscrire dans un rapport de force. Autrement dit, sans savoir qui de nous deux allait pisser le plus loin.

Sans doute, notre complicité était visible. Sans doute interrogeait-elle les habitudes des uns et des autres. Sans doute, allait-elle à l'encontre des guerres de pouvoir que l'on voit habituellement dans le milieu politique et dont il est plus facile de tirer profit. Sans doute, notre approche gênait-elle au fond.

Comment mieux régner sur nous si nous n'étions pas divisées ?

Il était donc naturel de rester concentrée sur ce que j'avais à faire et ne pas me laisser déstabiliser par ceux qui avaient du temps à me faire perdre.

G.I. Joe tentera d'y remédier, d'une façon bien à lui. Il n'aura aucun scrupule à tenter de m'utiliser pour abîmer les projets d'Emilie Jungo, dont la candidature était déposée auprès du Parti Socialiste en vue des régionales de 2010.

À l'époque, je n'en étais pas informée, car la décision d'Emilie était toute récente, et je n'y avais pas prêté davantage attention, étant par ailleurs très sollicitée et prise par mes deux délégations en plus de mon travail.

Et par toi, maman.

Un soir, à la fin d'une réunion de la majorité, G.I. Joe me demande de rester. À l'abri des regards, il voulait que nous parlions. Je le suivais à son bureau. J'étais surprise.

— Tout va bien, ne t'en fais pas. Au contraire, tout va très bien. Depuis le début du mandat, je faisais un sans-faute, me disait-il.

Il me complimentait sur mon investissement, la pertinence de mes propositions, ma présence remarquée et appréciée chaque fois que nécessaire.

Il m'encourageait :

— Tu as un avenir en politique, tu le sais, et moi, je suis là pour t'aider.

J'étais touchée par ses propos, mais intriguée de voir où il voulait en venir.

Il fallait, selon ses propres mots, me faire connaître davantage encore. Il me conseillait en ce sens.

— Tu dois être plus présente au sein de notre fédération, et pas uniquement à la section. Et la section doit être plus représentée là-bas si tu vois ce que je veux dire. Tu sais que les régionales se préparent. J'ai beaucoup pensé à toi. Tu es une personnalité politique montante, ce scrutin de liste est très bien pour toi. On va te mettre en orbite. Nous n'avons personne de la section qui a fait acte de candidature. Or, notre ville est la deuxième du département. Nous avons besoin de toi, de ta jeunesse, de ta fraîcheur. Ton profil est parfait. Je pense que tu devrais te présenter. Vraiment. Si tu décides d'y aller, je te mets en relation avec Béa(trice Frécenon). C'est la première fédérale, et une amie de longue date.

> *Béa, maman, c'est une « Martine » : Martine va à la pêche aux embrouilles en s'arrangeant avec le règlement du PS.*

J'étais tellement loin de cette élection.

Et pour cause, j'avais décidé de me concentrer sur ce que j'avais déjà à faire. Je lui disais, malgré son argumentaire, que je ne pouvais décemment pas, avec deux délégations, mon investissement dans la vie de la section PS et mon boulot à Grenoble, me lancer en plus dans une nouvelle bataille électorale.

Je savais, cette fois-ci, ce que cela représentait en énergie, en temps et en investissement de soi.

— Ne t'en fais pas, je t'aiderai ! En plus, je sais que tu peux le faire. Ce n'est pas pour rien que je t'appelle Just Do It.

Chaque fois que je le sollicitais, il prenait le temps de me répondre, je ne peux le nier. Mais de là à partir en campagne, j'aurais préféré qu'il sollicite quelqu'un d'autre.

À l'issue de notre conversation, il avait tout de même réussi à me convaincre. Romans devait être représentée, et face à l'absence de candidat chez nous, j'irai.

Problème. Gros problème, même. La date officielle de dépôt des candidatures était déjà passée. Tout était clôturé. Je lui faisais remarquer.

— C'est trop tard de toute façon Philippe.

— Ne t'en fais pas, ce n'est qu'un détail, m'assurait-il.

On ne dit pas c'est trop tard, on dit « Martine s'occupe de tout ».

G.I. Joe envoya un SMS aussitôt à Martine. En quelques caractères, il me faisait contourner sans effort les règles du parti.

Il me donnait son numéro de portable. Je l'appelais pour la première fois, lui rapportant mon échange avec G.I. Joe dont je compris plus tard qu'elle connaissait la véritable finalité du projet.

Ma candidature était officiellement validée par les instances du parti grâce à un joli tour de passe-passe entre le premier adjoint de la ville et la première fédérale. Ni vu ni connu.

J'étais candidate pour les régionales. Dès le lendemain, cela commençait à se savoir.

Et Emilie l'a su.

Elle n'en revenait pas, maman. Elle ne comprenait pas, car elle savait que personne n'avait candidaté, à part elle, pour Romans. Elle était surprise du sale coup, pensait-elle, que je venais de lui faire.

Après un échange à deux, nous découvrons avec effarement le jeu de G.I. Joe. Nous en étions outrées. Il n'avait eu aucun scrupule à tenter de nous monter l'une contre l'autre.

Naïve que j'étais encore !

Je m'en ouvrais au maire, qui lui, en revanche, n'était pas surpris. Il en avait vu d'autres. Je faisais mes premiers pas en politique, me disait-il. Je comprenais que si je voulais évoluer dans ce cruel milieu, il fallait que je m'y fasse.

G.I. Joe était bien au courant pour la candidature d'Emilie Jungo. Il n'en voulait pas. C'est tout. Car elle aussi devenait une menace, sans doute, à son poste de futur maire.

> *Il était hors de question que je trahisse mes valeurs et mon amitié avec Emilie. Se servir de moi pour mener à bien ses combines, c'était et ça restera non !*

Nos liens, avec Emilie, en seront renforcés.

J'annonçais au Parti Socialiste que je retirais ma candidature au profit d'Emilie. Je décidais de la soutenir en me rendant aux réunions publiques pour montrer que non seulement nous n'étions pas en concurrence, mais que l'entreprise de G.I. Joe était vaine et inutile.

Par cet épisode, et puis par d'autres encore, j'expérimentais l'appareil politique dont je commençais tout juste à découvrir le fonctionnement, le vrai. Les cuisines n'étaient pas si propres qu'elles ne paraissent.

C'est G.I. Joe qui m'offrit la primeur de cette découverte.

Je continuais mon chemin, tout en redoublant de vigilance de la part de mes amis politiques.

« Mon Dieu, gardez-moi de mes amis. Quant à mes ennemis, je m'en charge. » Voltaire nous avait pourtant déjà mis en garde !

Je m'investissais beaucoup, pour combler mes carences dans le domaine public. J'y passais des week-ends et la quasi-totalité de mes vacances. Je le faisais avec plaisir, et aussi parce que l'absence en politique n'est pas pardonnable. Il faut être partout, tout le temps.

Même jeune, je le comprenais vite.

Ma famille, qui n'a jamais cessé de me soutenir dans mes choix, me disait de lever le pied. Têtue comme peut l'être une gamine de neuf ans qui veut changer le monde, je rabâchais que la politique a horreur du vide, que je ne pouvais pas m'absenter, sinon tous mes efforts n'auraient servi à rien.

Jeune et inexpérimentée, je fournissais deux fois plus d'efforts que mes collègues qui avaient le privilège de l'expérience, comme monsieur crotte de nez.

Rapidement, je jouissais d'une certaine reconnaissance grâce à un travail acharné, renforcé par l'expertise des deux directeurs qui m'accompagnaient dans mes missions.

Bien qu'ils fussent nombreux à militer dans les coulisses des (vieux) partis, les jeunes étaient des oiseaux rares à l'avant-plan de la scène politique.

« T'as de la chance d'avoir cette délégation si jeune. » m'a-t-on dit un jour. C'était la phrase magique que j'avais entendue d'un élu aux allures de cow-boy, toujours prêt à dégainer un avis sur tout, plus vite que son ombre.

Tout le travail fourni, les batailles menées pour obtenir des moyens financiers et humains, des heures et des heures, parfois même des nuits blanches à plancher sur mes délégations, les coups encaissés mis par derrière par certains collègues, les critiques envoyées en pleine face, travailler deux fois plus pour jouir d'une même crédibilité que certains élus hommes, comme lui.

Entre mon activité professionnelle, ma mission d'élue à Romans, cela faisait rarement moins de quatre-vingt-dix heures par semaine. Tout ça, tout ce travail maman, ce n'était donc que de la chance ! Comme si c'était tombé du ciel ! Foutaise.

J'avais à cœur de ne laisser personne, pas même ce faux cow-boy, pas méchant et même plutôt sympathique, réduire mon travail au pur hasard de la chance. C'était bien grâce à la sueur de mon front et de ma soif de changement que j'en étais là.

Mon âge n'avait rien à faire dans cette histoire. La chance, encore moins.

Pierre Corneille fait dire à Rodrigue, dans Le Cid :

— Je suis jeune, il est vrai ; mais aux âmes bien nées, la valeur n'attend point le nombre des années.

Fallait-il que je le répète. Encore et encore. Le talent (et les dons innés) n'ont pas besoin d'attendre les années de maturité pour s'exprimer.

Sans compter qu'en plus de la politique, j'avais un taf. Un vrai. C'est par ce biais que je remplissais mon frigo et que je partais en voyage.

Je venais du privé, je n'étais pas du sérail comme on dit, et assurément, je refusais de quitter mon emploi pour ne faire que de la politique.

Plusieurs fois, on me proposera de devenir chargée de mission auprès de grands élus. Un job politique, avec une rémunération convenable.

— Ça serait plus simple pour toi de gérer tes heures de boulot et ton mandat. Ça t'évitera les difficultés que tu connais aujourd'hui avec ton taf.

C'était vrai, mais incomplet.

La proposition était tentante, mais en apparence seulement. Car sur le long terme, je savais que c'était incompatible avec ma vision de la politique. Et c'était sans doute la meilleure façon de devenir l'un de ces professionnels de la politique. Ce que je refusais.

Je les remerciais, mais à chaque fois, je déclinais les offres, maman.

J'étais indépendante de tout pouvoir politique. Je tenais à ma liberté de pouvoir parler et agir sans avoir à me demander si mon patron serait d'accord avec mes prises de position.

Ma liberté n'est pas monnayable. Elle ne le sera jamais.

J'en avais marre de ces élus-là, sans généraliser, qui précisément ne connaissent rien du monde de l'entreprise et qui n'y foutent un pied que pour couper le ruban un jour d'inauguration pour être le lendemain dans la gazette locale.

Ceux-là font de l'ombre à tous ceux qui font un travail de proximité remarquable et dont on n'entend jamais parler.

Moi, j'étais salariée d'une boîte privée. Avec son lot de contraintes, dans une France où le statut de l'élu est en discussion depuis plus de trente ans sans que rien ne soit vraiment acté. Mais peu m'importait. Pleinement investie dans la vie locale, j'ai toujours eu à cœur de continuer à travailler.

Il est nécessaire, selon moi, de garder ce lien au monde réel et se confronter, en dehors de tout mandat politique, au quotidien des citoyens dans leur plus grande diversité. C'est comme cela que l'on peut appréhender l'autre.

Je pense même maman, qu'une bonne mission politique ne peut être bien menée qu'à la condition d'être connectée, en permanence, à la réalité de terrain.

D'être connecté, en permanence, aux personnes, aux citoyens. À la vie, car dans sa rugosité, elle est la meilleure des écoles.

Je ne supportais plus de voir, ni entendre certains de ces apparatchiks qui ne me ressemblent pas, parler à ma place - *à notre place maman* - de choses qu'ils ne connaissaient que par ce qu'ils avaient, au mieux, un jour étudié à l'école, au pire, lu dans les notes que leur rédigeaient leurs collaborateurs, sortis eux-mêmes d'une école où l'on apprend à faire de la politique.

Faire de la politique autrement, c'est une urgence, maman.

Une conviction forte s'en suit. Celle du nécessaire renouvellement démocratique auquel aspiraient déjà de nombreux Français. Mais auquel mon parti de l'époque restait sourd.

— Des lubies de jeunesse, ça te passera avec l'âge, ma grande. C'est comme ça que ça marche, et ça n'est pas près de changer, entendais-je alors quand j'abordais ce sujet avec certains.

C'est pourtant ce profond désir de refondation démocratique qui a porté la candidature d'un homme de trente-huit ans, jamais élu, au parcours bien différent des autres candidats — à la trajectoire singulière — à la plus haute fonction de notre pays.

Mais il y a différence et différence en politique, maman. Quand on est musulman par exemple, ça vient corser tout ce que tu fais, juste parce que tu es sans même avoir à parler.

En portant l'Islam dans mon cœur, je n'en suis pas moins une citoyenne comme une autre.

MUSULMANE

N'ai-je pas le droit à la différence, maman ?

— *Bismi Allah ar Rahman ar Rahim.* * Au nom de Dieu, le Clément, le Miséricordieux.

C'est la phrase que tu m'as apprise maman, et que je répète tout au long de la journée. De mon réveil à mon coucher le soir. Elle m'accompagne fidèlement dans tout ce que je réalise.

Je ne réfléchis même plus à sa prononciation tant elle est devenue dans ma bouche spontanée. Elle est autant un réflexe qu'un besoin. Une exaltation du Créateur et un rappel. Je la dis comme je respire, comme je marche et comme je me nourris. Elle est mon premier souffle du réveil accompagnant la gratitude que je ressens d'être en vie et en bonne santé, jusqu'à la pleine nuit.

Une douche, des ablutions, un foulard pour couvrir mes cheveux, un tapis de prière, la fenêtre ouverte sur le Vercors que je contemple en paysage, je peux commencer la prière.

— *Allah ou akbar.* * Dieu est le plus grand.

Je prie. Cinq fois par jour.

Je colle mon front au sol me rappelant que je suis un si petit sujet dans le vaste univers dans lequel l'Humanité toute entière n'est elle-même qu'un grain de sable dans un désert infini.

C'est un moment au calme qui me permet de me soustraire à l'urgence de l'immédiateté et du « tout, tout de suite ». Un instant suspendu dans lequel je murmure dans le creux de la main de l'infiniment Grand. Un moment à moi, et à moi seule, que rien ni personne ne peut perturber. Ce moment de méditation que je m'accorde avant toute autre chose, à l'aube pour la *salat* du *fajr*[6], à la croisée de la nuit et du jour. Suivi de quelques invocations, ma *sabha*[7] qui joue entre mes doigts qui viennent accompagner les premières lueurs du soleil qui se lève.

Je prie tous les jours pour toi, maman. Et pour la famille. Et pour la France aussi.

La prière m'est un moment à part. Elle permet au moyen du verbe de l'Éternel de libérer ma conscience des contingences matérielles et continues du quotidien.

---

6. Prière de l'aube
7. Chapelet

Cette parenthèse en dehors du temps et de l'espace m'apporte toute la sérénité qu'il me faut pour débuter la journée.

C'est après cet instant suspendu que je m'offre en cadeau, que commencent les autres rituels. Quelques étirements d'abord sur mon tapis de gym, un peu de lecture, un premier café, puis un deuxième, la presse, les mails, le téléphone, les notifications réseaux sociaux…

Tout s'accélère d'un coup.

Un peu de rouge sur mes lèvres, un coup de mascara, j'enfile un tailleur ou une robe, je chausse mes talons, je saisis mon sac au passage et je m'empresse de sortir de chez moi. Je rejoins aux pas de course une journée bien chargée.

C'est ainsi que commencent mes journées.

Celles d'une personne active comme une autre. Celles d'une femme politique Française — de confession musulmane — comme une autre.

J'en cumule des étiquettes. Des problèmes pensent peut-être certains ? Combien de fois l'ai-je entendu :

— En plus d'être une Arabe, s'il faut que tu sois musulmane, alors ne te plains pas si tu te fais attaquer.

Mon identité n'est pas faite que d'une seule étoffe. Maman, si j'étais Antigone, je dirais : « Pauvre Créon ! Avec mes ongles cassés et pleins de terre et les bleus que tes gardes m'ont faits aux bras, avec ma peur qui me tord le ventre, moi je suis reine. »

La foi fait partie de mon identité. Elle ne la résume pas. Je ne suis pas moins musulmane que je suis une Française à part entière. D'origine marocaine, féministe, militante des droits de l'Homme et de l'Égalité, progressiste, grande gueule, insolente et irrévérencieuse. Et j'ai dû en oublier !

Mon « islamité » comme certains qualifient ma foi, dans laquelle je puise aussi mon engagement pour la chose commune, je n'en parlais pas, ou qu'avec pudeur et discrétion lors d'échanges, avec mes amis seulement.

Pourtant, c'est de cela qu'on était aussi curieux.

Je réalise que l'on me testait souvent en m'offrant à boire ou en scrutant ce que j'allais mettre dans mon assiette au buffet lors des rencontres publiques. En douze ans de vie publique, il y en a eu énormément. C'était pesant d'avoir toujours à se justifier, même pour un morceau de sandwich ou d'un petit four plutôt qu'un autre. J'en étais excédée et je frôlais l'impatience de renvoyer certains de mes juges à leur propre verdict.

Musulmane en politique, on m'a souvent regardée comme une énigme. Je ressentais tout le temps l'envie qu'avaient certains de me questionner, de me demander, et parfois aussi de me comprendre sincèrement.

— Pratiquante ? Tu as l'air moderne pourtant…

Que pouvait bien leur communiquer mon air ? Que leur disait-il si ce n'est le reflet de ce qu'ils pensaient déjà eux-mêmes ?

J'ai une anecdote, maman.

Quand par exemple, à l'heure du déjeuner, je rejoignais une réunion de travail, m'asseyant à la table, et que je ne commandais pas. Parce que je jeûnais. Même si je ne le disais pas, tout le monde savait. Cela provoquait parfois une certaine gêne de la part de quelques collaborateurs ou élus. Je sentais que, d'une certaine façon, j'agaçais. « Tu pourrais faire un effort tout de même ! »

Comme la fois où, adjointe aux Relations Internationales, j'avais une mission à Straubing en Allemagne. Cela allait être mon premier déplacement chez nos partenaires allemands. Non seulement cela me faisait plaisir de m'y rendre, mais il était important que j'y sois pour travailler sur nos projets. Je prévoyais de relancer le jumelage en voyant comment nous pourrions intégrer un axe ingénieries territoriales (échange de pratiques entre techniciens de nos collectivités) et économie. Cela coïncidait avec la fête de la bière.

Le hasard du calendrier voulait que ce soit aussi en plein mois de ramadan. Pour moi, il n'y avait aucun problème à maintenir ce déplacement à cette date-là. Je sentais néanmoins une gêne du côté romanais, du fait précisément que je jeûnerai là-bas aussi. Pour éviter tout souci de protocole, le cabinet du maire en avertissait la mairie partenaire.

Quel accueil !

À aucun moment les Allemands ne l'ont mal pris, se pliant même en quatre pour me recevoir dans les meilleures conditions. J'en étais touchée, comme à chacune de mes missions à l'international. Je me souviens qu'ils s'étaient même arrangés pour que l'heure du premier dîner coïncide avec la rupture de jeûne afin que je puisse profiter pleinement de la réception en l'honneur de notre délégation. Ils avaient même eu la délicatesse de me commander un plateau-repas dans ma chambre d'hôtel pour que je puisse manger quelque chose avant l'aube en prévision de mon jeûne.

Cela m'avait énormément touchée, même si ce n'était pas grand-chose.

Ces petits gestes témoignaient d'une grande attention à mon égard. Ils disaient leur respect et leur reconnaissance à mon sujet que j'avais parfois de la peine à recevoir dans mon propre cercle de connaissances et mon pays natal.

Je ne doutais absolument pas de l'excellent accueil qu'ils nous réserveraient, nos échanges reposant précisément sur la découverte de l'autre et des cultures différentes. Je note simplement ce décalage saisissant entre mes proches qui me connaissaient bien et qui pourtant étaient mal à l'aise par rapport à ma pratique et cette ouverture d'esprit de la part de partenaires d'un autre pays que je ne connaissais pourtant que si peu.

J'ai une autre anecdote.

C'était le soir de l'élection de François Hollande à la présidence de la République. Comment l'oublier ? J'en étais béate de bonheur et d'espoir.

Le changement, c'était maintenant !

Bouleversées et euphoriques, Salima et moi rejoignons un bar de Valence pour fêter cette tant espérée victoire.

Le rendez-vous y était donné, aux camarades et sympathisants qui voulaient prolonger ce moment historique.

Notre candidat avait gagné et nous allions fêter cela dans les règles de l'art. Entre les larmes de joie et les franches accolades entre amis, nous nous frayions un chemin dans la foule de militants venus en nombre. Le champagne coulait à flots. Comment aurait-il pu en être autrement ?

Salima et moi avions commandé des softs à notre arrivée. Dans le court intervalle qui précédait l'arrivée de nos boissons, un élu municipal valentinois nous tendait une coupe de champagne. J'avais déjà commandé à boire, lui disais-je alors sympathiquement, mais lui insistait. Lourdement.

— Je ne bois pas, tu le sais.

— Mais c'est du champagne !

— Je ne bois pas de champagne non plus…

— Mais François Hollande a gagné !

— Oui, mais je ne bois pas plus parce que François Hollande a gagné, tu le sais…

Après quelques secondes d'un silence pesant, il m'adressa l'un de ces regards qui, dans la communication sociale, marque la distance à l'égard d'une personne considérée comme inférieure. Sur un ton dédaigneux et hautain, il me lança son fameux :

— Franchement, tu me fais pitié Latifa.

Son air condescendant était insupportable. Je le lui dirai sans m'en offusquer davantage, refusant de me laisser gâcher cette victoire par qui que ce soit, pas même un imbécile au ton méprisant.

D'ailleurs, cet élu n'en était pas à son premier coup d'essai. J'avais déjà eu droit à la même scène lorsque je lui avais refusé un mojito en marge d'une Université d'été PS à La Rochelle.

— Mais un mojito, c'est pas de l'alcool, finissant par son « tu me fais pitié Latifa ».

Je ne voulais pas être tolérée, ou même « intégrée » comme il m'arrive encore trop souvent de l'entendre. Je voulais — et j'aspire toujours à — être respectée. Ni plus ni moins. Être reconnue pour ce que je suis, et ce que je suis complètement.

C'est pourtant simple, non ?

Combien de fois ces petits gestes qui peuvent sembler insignifiants, mais qui disent beaucoup sur la perception de certains, m'ont donné envie de tout quitter.

Mais j'ai l'engagement ancré dans les tripes.

C'est précisément pour les mêmes raisons qui me donnaient envie de tout plaquer que je restais plus déterminée encore à agir et contribuer à ce que les choses changent.

Ma foi, qui ne me quitte jamais, me rappelait au calme et à la bienveillance, plus encore avec celles et ceux qui manquaient de tact, de considération et de respect. C'est comme cela que mes parents m'ont transmis l'Islam.

J'avais dans mon combat, en plus de ma foi en Dieu, une autre fidèle alliée maman : la Laïcité. Elle aussi ne me quittait jamais.

J'ai toujours eu à cœur, fidèlement, cette loi de 1905, de respecter les citoyens, dans leur diversité, que je représentais.

Je n'ai jamais porté aucun signe d'appartenance à une quelconque religion étant élue de la République.

Si je l'ai fait, c'est par respect des lieux de culte que je visitais et des communautés religieuses qui nous accueillaient.

Cela fait partie de votre éducation, le respect des différences et des autres croyances.

Ce fut le cas lors de mes visites dans certains lieux : devant le Mur des Lamentations et au Saint Sépulcre à Jérusalem, à l'Église de la nativité à Bethléem, au Tombeau des Patriarches à Hébron côté mosquée et côté synagogue, dans les mosquées

Al Fourqane à Valence, celle d'El Aksa à Jérusalem ou encore celle du tombeau des Patriarches à Hébron, lors de ma visite d'un temple bouddhiste à Changwon en Corée du Sud, ou au Saint-Siège du Catholicos à Etchmiadzin en Arménie.

La Laïcité est une chance pour notre pays et dans notre société fragmentée, de plus en plus individualisée, angoissée, inquiétée, apeurée, qui connaît de véritables problèmes et qui doit relever de grands défis.

La loi, toute la loi, rien que la loi.

La Laïcité, c'est la liberté de penser, la liberté de croire ou de ne pas croire, la liberté de pratiquer sa religion quand on en a une, et ce, tant qu'elle ne nuit pas à la liberté des autres et à l'ordre public. C'est la neutralité de l'État et de ses services.

La définition est simple, mais le climat de défiance dans lequel nous vivons en altère trop souvent la compréhension, le cadre, l'appréhension et l'application. Elle est tous les jours commentée, parfois même dévoyée et détournée.

Heureusement, nous pouvons compter sur toutes ces personnes qui s'activent au sein de l'Observatoire de la Laïcité. Leur engagement est remarquable.

Existe-t-il un tel engagement envers les femmes et aussi envers celles qui tentent l'aventure de la politique ?

AGRESSÉE

Laisse-moi te raconter pourquoi, alors que j'étais célibataire, je portais une fausse alliance.

La violence à laquelle les femmes sont confrontées quotidiennement pour qu'elles restent à une place inférieure par rapport aux hommes est édifiante.

En tant qu'adjointe aux Relations Internationales, j'ai pu constater que c'était vrai ailleurs aussi, et même pire parfois dans certains pays où je me suis rendue dans le cadre de mes fonctions d'élue. Si la parité est insuffisante pour atteindre l'égalité, certains états ne la pratiquent même pas. C'est le cas des quatre villes de coopération avec laquelle la ville de Romans travaille.

Lors de l'un de mes déplacements en Arménie, face à une absence totale de femmes au conseil municipal de Vardénis, notre ville partenaire, je demandais au maire, Volodia Kheloyan, que j'apprécie énormément par ailleurs, qu'elle était la place des femmes dans leur pays.

— À la cuisine ! me répondra-t-il.

Le coordinateur local et interprète pour l'occasion, Karen Aslanyan était gêné par la réponse. Je lui demandais, malgré sa gêne, de traduire au maire si ma place était en cuisine, sur le ton de l'humour. Il me dira :

— Non, toi tu es Française. En France, ce n'est pas pareil.

Les Arméniennes jouent pourtant un rôle fondamental dans le développement de leur pays. Toutes les responsables rencontrées à Erevan, la capitale, mènent un travail de terrain incroyable avec une volonté à couper le souffle.

Elles sont souvent dans l'ombre. Chevilles ouvrières dans de nombreux projets, elles sont porteuses d'une volonté de changement et de développement.

Ce sont elles qui portent l'avenir de ce pays.

Un pays dans lequel je me suis rendue par trois fois. La première fois, je demandais au président de l'Amicale des Arméniens de Romans de m'accompagner. Cette première prise de contact était importante pour moi. Je voulais comprendre mieux encore l'histoire de nombreux Romanais d'origine arménienne. Ce voyage a été mémorable. J'y rencontrais des femmes et des hommes qui sont devenus, au fil des années, des amis avec lesquels j'ai encore plaisir à échanger.

Vardénis est une ville modeste, pour ne pas dire pauvre. Elle est riche de ses habitants, de son histoire, de son patrimoine naturel et architectural. Chaque fois que je m'y suis rendue, l'accueil du maire et de ses habitants me touchait.

Pour ce premier voyage, après les temps officiels, nous y avions rencontré des amis du président de l'Amicale. Le planning était très chargé. Parfois, nous avions des rendez-vous même après minuit. Même à cette heure si tardive, les personnes nous recevaient avec les honneurs et un sens de l'hospitalité comme on a perdu l'habitude de le voir chez nous.

J'avais le sentiment de me retrouver dans le village qui t'a vu grandir., maman ! Tu aurais adoré ce pays, j'en suis sûre.

Il était hors de question de passer simplement les saluer. Peu importe l'heure, nous devions rester et faire honneur à la majestueuse table dressée pour l'occasion. Les traditionnels « guénatz », santé à l'arménienne, venaient rythmer nos échanges dans une bonne humeur évidente.

Je reviendrai deux fois encore, et chaque fois, c'était un plaisir de séjourner dans cette jeune République où désormais j'ai des amis.

Je reviendrai notamment pour la préparation des premières assises franco-arméniennes avec Cités Unies France, Romans en était membre actif de longue date. C'était un événement politique attendu. Tant du côté français, avec un enjeu local pour les élus dans leur territoire respectif, que du côté arménien au regard de l'importance, pour cette jeune République de renforcer ses liens bilatéraux avec notre pays. Il a été préparé en grande pompe.

J'y consacrais moi-même beaucoup de mon temps. L'expérience et l'expertise développées par Romans me vaudront d'intervenir à la tribune lors des plénières. Nous étions seulement deux femmes à jouir de cet honneur, Véronique Moreira, vice-présidente à la région Rhône-Alpes et moi-même, au milieu d'un parterre de messieurs. Deux taches de couleurs au milieu d'une grisaille de costumes masculins.

Je soignais mon intervention.

Il y avait une majorité d'élus hommes, et côté Arménie, il n'y avait que des hommes. J'avais anticipé « cela » et je m'étais préparée en conséquence.

Pour me prémunir de certains problèmes auxquels je devais régulièrement faire face - drague, mains sur la cuisse ou autour de la taille, avances… - je portais une fausse alliance, brillante à souhait pour qu'elle soit vue de tous. Pour que l'on me laisse tranquille et éviter autant que faire se peut les « ce qui se passe à Erevan, reste à Erevan ». Phrase duplicable à l'infini selon la destination où se passe le colloque, répétée par des hommes en mal de compagnie.

Certains gentlemans me demanderont qui était le chanceux qui m'avait épousée. Mon mari imaginaire changeait de profil selon mon interlocuteur. J'avais le sentiment qu'en disant que j'étais mariée, j'étais préservée de ces personnages pesants, parfois très lourds dans leur approche.

> *Ça n'eut pas complètement l'effet escompté. Les relous restaient relous.*

Je restais sur mes gardes, surtout après avoir été chahutée un soir dans un hôtel par un groupe de sportifs émiratis lors d'un de mes déplacements en Tunisie, quelques semaines avant, obligeant la direction à me reloger dans une autre chambre pour éviter tout autre problème et assurer ma sécurité.

Cet événement m'avait marquée et m'obligeait à une plus grande vigilance.

Beaucoup d'élus venaient me féliciter, comme il est d'usage de le faire dans ce type d'assemblées, au sujet de ma prise de parole sur la coopération franco-arménienne. Le voyage se passait dans les meilleures conditions.

La rencontre avec le Président et le Catholicos fut particulièrement marquante.

Incontestablement, ces premières Assises étaient un succès. Tant d'un point de vue organisationnel qu'au regard de la qualité de nos échanges.

Le dernier soir, après la clôture des Assises, une réception à la hauteur de l'événement a été organisée. Nous nous régalions des spécialités locales, toujours accompagnées de « guénatz » et nous nous félicitons à l'avance des projets à venir.

Exercice préféré des élus en fin de colloque.

En fin de repas, la musique et l'ambiance plus décontractée invitaient à la danse. Je me suis laissée aller à quelques pas pour ne pas faire la mijaurée, mais je ne souhaitais pas en faire davantage.

Avec mes partenaires de projets, nous nous étions mis d'accord pour rentrer tôt. Personnellement, je ne souhaitais pas rester à la soirée, l'alcool et l'euphorie de fin de congrès ne font pas toujours bon ménage.

Nous rentrions donc.

Une fois à l'hôtel, A. Grégoirian, rédacteur en chef du magazine, au moment de rejoindre nos chambres respectives, me demandait de lui rendre le pull qu'il m'avait prêté en journée.

Frileuse, en homme courtois, il m'avait laissé son pull que je portais en écharpe.

Je proposais de lui rendre le lendemain. Ce qu'il refusa. Il insistait. Voisins de chambres, je me dirigeais donc d'un pas pressé dans la mienne pour lui rapporter son vêtement.

Pensant qu'il m'attendait devant la porte de sa chambre, je restais un moment devant celle-ci entrouverte croyant qu'il viendrait. Même si nous travaillons ensemble, je ne voulais pas rentrer. Au bout de quelques minutes, quand j'ai frappé à sa porte, ne le voyant pas arriver, il me dit :

— Latifa, mais entre enfin ! Tu vois bien que je t'ai laissé la porte ouverte.

Je me suis presque sentie ridicule.

A.Grégoirian, je le connaissais gentil et serviable, je devais bien avoir l'âge de sa fille. Que pouvais-je craindre ? Je décide de ne pas rester longtemps, juste le temps de lui remettre son pull-over. Une minute ou deux, tout au plus.

Je rentre. Sa chambre était plus grande que la mienne. Il avait une suite. Pour arriver jusqu'à lui, j'ai traversé un long couloir et j'ai dû franchir une autre porte qui donnait sur un espace salon. A.Grégoirian était tout sourire, occupé, me disant qu'il avait bientôt fini.

Je n'étais pas complètement à l'aise, je l'avoue. Occupé à faire je ne sais quoi, me voyant toujours debout, il me disait quelque peu agacé :

— Mais assieds-toi enfin !

Il insistait pour que je reste quelques minutes, car il avait, me dit-il, commandé des fruits qu'il voulait partager avec moi.

— Ils sont délicieux, tu ne regretteras pas.

Quand j'allais de nouveau me lever pour partir, il me retenait encore. Après les fruits, il me parlait de son projet de portrait, dans son magazine. Durant le séjour, il me questionnait à ce sujet. Je lui avais répondu avec enthousiasme chaque fois qu'il m'avait sollicitée.

> *Sur mon parcours, mes origines, mes valeurs, ma rencontre avec la communauté arménienne de Romans, mes voyages en Arménie…*

Je me suis donc rassise, à sa demande. Quelques minutes seulement, car il était tard pour continuer le portrait qu'il faisait de moi.

J'ai senti un malaise s'installer entre nous, mais je refusais de croire qu'il pouvait se passer quoi que ce soit de mal, même si mon instinct me prévenait de quelque chose. Il se rapprochait de moi avec son carnet de notes, puis il me prit la main. La main gauche d'abord.

— Je sais lire les lignes de la main, n'aie pas peur enfin…

— Mais moi je n'y crois pas !

C'est au moment où j'ai voulu retirer ma main que j'ai compris ce qu'il se passait, tétanisée.

Il avait pris soin de refermer les portes, quelques minutes avant, sans que je n'y prête vraiment attention sur le coup. Il avait tout fait pour que je vienne le voir. Il m'avait gardée dans sa chambre par tous les moyens. Il s'était assis près de moi. Il avait pris ma main gauche. Et là, il ne voulait plus me lâcher.

La gorge nouée, le rythme de mon cœur s'emballe, et les pires pensées me traversent l'esprit. L'air que je respire m'est insuffisant. Le temps n'est plus le même. Je ne sais dire si les minutes étaient plus longues, ou plus courtes. Elles sont différentes.

C'est comme si pendant ce temps, si étrange, si sombre, je devenais une spectatrice froide d'une scène que je ne voulais pas vivre.

Je regarde cette femme vulnérable, le regard pétrifié, assise sur le canapé, les mains coincées par cet homme. Incapable de bouger. Incapable de se dérober sous sa force. Figée. Elle n'est plus l'adjointe au maire, sûre d'elle, au discours fort que l'on félicitait quelques heures encore auparavant. Mais une femme dupée en proie à un homme qui avait tout fait pour se retrouver seul avec elle et qui la bloque.

Une femme seule qui a accepté de rejoindre un homme à une heure du matin dans sa chambre d'hôtel, naïvement.

J'essaye de retirer ma main. Mais je n'y arrive pas. Il m'attrape alors les deux mains. Je suis là, statufiée, à essayer de me débattre. Mais je ne parviens pas à retirer mes mains qu'il serrait si fort. De plus en plus fort. Il me coince et essaye de m'embrasser de force.

— On est loin… On est en Arménie… On peut profiter…

Je lui dis non. Je me débats, mais je n'arrive pas à retirer mes mains. Ni à bouger. Coincée, je sens son souffle répugnant.

Je ne peux plus rien faire pendant qu'il essaye de m'embrasser contre ma volonté.

J'ai si peur. Sa force, malgré une différence d'âge en ma faveur, est nettement supérieure à la mienne. Je me sens vulnérable. Il a l'ascendant sur moi.

Dans une rapidité fulgurante, il tente de m'agresser alors que je lui demande de me laisser. Horrifiée à l'idée qu'il puisse me violer, j'ai par instinct réussi à le mettre loin de moi en le repoussant de toutes mes forces avec mes jambes.

Ces quelques minutes, peut-être quelques secondes, m'ont paru être une éternité. Je prends mes jambes à mon cou en ouvrant la première porte, puis la seconde qui me sépare du couloir. Jamais je n'ai couru aussi vite. Je vérifiais qu'il ne me suivait pas. Mon cœur allait sortir de ma cage thoracique et les larmes coulaient sur mon visage sans que je ne puisse les arrêter. J'ai du mal à reprendre mon souffle. Angoissée, je craignais qu'il ne revienne jusqu'à ma chambre. Je tremblais, paniquée par ce que je venais de vivre et par l'idée qu'il vienne jusqu'ici.

Toute la nuit, j'ai gardé un verre dans une main, un talon aiguille dans l'autre, en guise d'armes au cas où il tenterait de s'introduire dans ma chambre. Je n'ai pas cessé de pleurer ni de culpabiliser de la situation.

C'est moi qui avais accepté de rentrer dans sa chambre. C'est moi qui avais accepté de rester quelques minutes en plus. C'est moi qui avais accepté de répondre à quelques-unes de ses questions. C'est moi qui avais accepté de rentrer dans sa putain de chambre à une heure du matin !

Je m'en voulais.

Qui me croirait si je racontais ce qui s'est passé ? Je n'ai pas fermé l'œil de la nuit. Ni celles qui ont suivi.

Nous avions rendez-vous le matin à la salle du petit déjeuner de l'hôtel. Moment qui ouvrait habituellement la journée sur une note conviviale. Mais ce matin-là, mes intestins étaient broyés par l'appréhension.

J'avais mal jusque dans mes tripes à l'idée de le croiser de nouveau. Mais cette fois-ci, je hurlerais si je me retrouvais seule avec lui.

Mon directeur des Relations Internationales était là, ainsi que d'autres techniciens des collectivités partenaires. J'étais soulagée, rassurée par leur présence. Je retenais mes larmes. Ils ne les auraient pas comprises.

Je me suis alors assise à leur table. Je me suis servie un café, même si j'étais incapable de boire ou manger quoi que ce soit, et à mon retour, j'aperçois cette pourriture. Il a le toupet de venir se joindre à nous ! J'étais en ébullition à l'intérieur de moi. Au moment où je m'asseyais, les deux autres hommes de la table se levaient pour chercher de quoi compléter leur petit déjeuner. A.Grégoirian me fixait et sûr de lui me lança :

— Quoi ? Tu ne vas quand même pas faire ta gamine pour ce qui s'est passé hier soir ?

— Écoute-moi bien, si à la fin de ma phrase, tu n'as pas quitté cette table, je jure que je hurle de toutes mes forces et je crie à tout le monde ce que tu as essayé de me faire.

Il a dû voir dans mes yeux que j'étais disposée à exécuter mes menaces. J'en tremblais. Aussitôt, il quittera la table et évitera de me croiser dans les derniers déplacements qu'il nous restait encore à faire jusqu'à l'aéroport.

J'étais bouleversée. Je culpabilisais de ce qui m'était arrivé.

Je regardais ma fausse alliance en trouvant cette idée complètement ridicule. Elle n'avait finalement pas servi à grand-chose face au seul type dont j'aurais dû me méfier.

Au fil des heures, je comprenais mieux la journée de la veille. Il avait tout fait pour se retrouver seul avec moi, y compris dans le taxi lors des déplacements, ou pendant le trajet nous ramenant à l'hôtel, après la dernière réception. J'en avais froid dans le dos. La stupeur m'envahissait à chacun de ces souvenirs.

Je tentais d'aborder ce sujet avec la seule femme de la délégation, qui par ailleurs était avocate de métier. L'air de rien, je lui demandais si elle avait déjà été confrontée à des situations d'agressions lors de ses missions en tant que femme. Elle me répondra par la négative. Je ne savais pas comment aborder ce sujet avec elle, ne sachant pas comment elle prendrait ma confidence.

Cela allait être ma parole contre la sienne. Il valait mieux se murer dans le silence. Ce que je fis.

J'attendrai d'être chez Zoubida, à Romans, pour vider mon sac. Je pleurais sans pouvoir m'arrêter. J'étais en confiance dans ses bras. Je respirais enfin. Elle a d'abord cru qu'il m'avait violée parce que je n'arrivais à finir aucune de mes phrases. Elle avait imaginé le pire. Je lui ai dit combien j'ai tout fait pour éviter d'avoir le moindre souci, comme si quelque part, je me justifiais par anticipation de la négligence dont j'avais peur que l'on m'accuse. La seule personne dont je devais me méfier, je ne l'ai pas fait.

J'avais honte, je crois. C'est un sentiment étrange et difficile à raconter. C'est la première fois que je l'écris. L'émotion est encore vive.

Je déteste ce que je ressens. Je me sentais faible, je n'avais plus le contrôle sur mes mouvements. Je sens encore le poids de sa pression sur mes deux poignets joints coincés et sur mon corps. Je sens son souffle contre ma peau. Et j'ai envie de vomir.

Comme si tout ce pour quoi je me battais n'avait servi à rien. Du cinéma. J'étais dure avec moi.

— Féministe à deux balles, quand un mec t'immobilise, t'as beau crier à l'égalité, physiquement, tu ne peux rien faire…

Dans cette chambre d'hôtel, je n'étais plus une femme forte ni sûre d'elle, militante féministe, de l'Égalité, ni de quoi que ce soit. Surprise par son projet, je ne pouvais plus bouger. C'était ça la réalité. Une réalité loin de mes slogans féministes.

Jusqu'à ce que mon instinct vienne à mon secours et que je réussisse à me dérober de son emprise.

Cette soirée-là, je ne l'oublierai pas. C'en était trop pour moi. Je décidais de quitter la politique.

Lorsque je m'étais engagée publiquement aux côtés d'Henri Bertholet, je lui avais dit que si ce que je voyais de la politique ne me convenait plus, je me réservais le droit de partir. Avec cet événement, en plus de tous les autres, ce jour était arrivé.

Cette histoire était la goutte d'eau qui venait de faire exploser un vase qui débordait depuis un moment déjà. Je m'étais engagée pour faire de la politique. Pas pour passer mon temps à répondre aux multitudes attaques discriminantes, paternalistes, sexistes et misogynes.

Jusqu'à me faire agresser.

C'était trop pour moi, je voulais contribuer à changer le monde, certes, mais pas au prix de ma propre sécurité.

J'avais mis quelques jours à me remettre avant de pouvoir retourner en mairie. Je demandais un rendez-vous avec le maire. J'allais lui parler de la décision que j'avais prise : démissionner du conseil municipal.

Je craignais qu'il ne me croie pas. Qu'il mette ma parole en doute.

Je retenais mon souffle. Je ne savais pas comment j'allais lui raconter. Je n'étais même pas sûre, au fond de moi, de trouver le courage de le faire. Je ne voulais pas non plus paraître effondrée, c'eût été une victoire de l'autre pourriture. Je restais digne, mais intérieurement, j'étais fébrile.

La gorge serrée, je répondais aux gentillesses que l'on échange après une absence.

— Et l'Arménie alors ? J'ai croisé Fred. Il m'a fait un retour rapide. Un succès ? me demandait-il.

Oui, c'était le cas. Ces premières Assises étaient un succès. Je lui rendais compte de cette mission avec toutes les précisions d'une adjointe aux Relations Internationales. Je lui parlais des projets, de ce sur quoi nous nous étions engagés avec nos partenaires, des points de vigilances à avoir et des axes de travail arrêtés par la plateforme et avec Cités Unis France, des échanges avec le maire de Vardénis, des amitiés qu'il me chargeait de lui transmettre. J'avais rempli ma mission d'adjointe jusqu'au bout.

— Henri, je viens te voir pour autre chose. Qui m'est arrivée au dernier soir de la mission.

Mon air grave et mes yeux baissés ont donné un ton tout autre à la conversation. Je le revois, assis sur son fauteuil, reculer son dossier et croiser ses mains. Il m'écoutera attentivement jusqu'à ma conclusion.

Un long silence précéda mon récit.

Quand j'eus fini de parler, c'est comme si j'avais couru un marathon que je m'empresserais de terminer. J'étais à bout de souffle. Je lui avais raconté cette histoire d'une seule traite. Comme pour m'en débarrasser.

— Je me suis engagée par conviction, pas pour subir ça. Je n'en peux plus Henri. Ce soir-là, ça aurait pu se terminer plus mal encore. Je ne veux pas avoir peur chaque fois que je rencontre un homme et avoir à me demander s'il peut potentiellement m'agresser ou pas. Quand on est une femme en politique (...). Bref, tu vois ce que je veux dire. C'est trop pour moi. Je ne le supporte plus. Il est préférable que j'arrête. C'est d'ailleurs de cela que je suis venue te parler. Ma démission.

J'étais émue, je retenais mes larmes, car c'est l'adjointe qui parlait. J'attendais la réaction de mon maire, mais plus encore, celle de mon ami.

Silence de nouveau.

— S'il y a quelqu'un qui doit partir, c'est lui. Certainement pas toi.

Non seulement il me croyait, mais il me soutenait. Quel soulagement !

Après un long échange sur les femmes et la politique, il m'aidera à reprendre le dessus sur la peine et la colère que je ressentais. Si je démissionnais, ces types-là avaient gagné. Henri avait raison.

Le lendemain, il prit l'initiative de faire un courrier à l'attention de ce pourri en ayant préalablement pris contact avec chaque membre partenaire du projet.

A. Grégoirian fut exclu unanimement par les acteurs du projet Irapa. J'ai reçu tout le soutien dont j'avais besoin pour surmonter cette épreuve traumatisante. Après avoir eu cette information, la vice-présidente iséroise avait pris le temps de me contacter. Au fil de notre échange, elle m'avait dit :

— Je m'en veux de ne pas avoir compris où tu voulais en venir avec tes questions… J'aurais dû m'en douter avec la profession qui est la mienne…

Ils me manifesteront tous, sans exception, leur soutien. Sans cette réaction de confiance de leur part, je n'aurais sans doute pas pu me remettre aussi vite. Ils me (re)donnaient, par leur réaction spontanée et sincère, une raison supplémentaire de croire au changement et en la politique. Je les en remercie aujourd'hui encore.

Dans le courrier du maire était demandé à A. Grégoirian de me présenter des excuses publiquement. Ce qu'il fit par téléphone - car je refusais de le voir. J'étais accompagnée de mon directeur lorsqu'il m'appelle sur ma ligne directe en mairie, mon combiné étant en mode haut-parleur. Il s'excusera comme demandé, en tentant à un moment de justifier l'injustifiable :

— On ne s'est pas compris… puis tu sais bien avec l'alcool…

C'est certain qu'il n'avait pas compris. Une femme qui dit non et qui se débat, c'est qu'elle refuse ce qu'il tente d'imposer par la force. Quant à la légendaire excuse de l'alcool, cela me donne juste envie de proférer des insultes à son encontre. Passons.

Après cet appel, je m'en allais dans les toilettes. À l'abri des regards, je fondais en larmes. C'était la dernière fois que je pleurerai pour cette soirée.

Le récit de cette histoire me revient parfois en boomerang dans la tête.

Chaque fois que j'entends Erevan. Chaque fois que je me retrouve seule avec un homme que je ne connais pas bien. Chaque fois que quelqu'un me presse la main, ou pire, les deux. Chaque fois que j'entends un récit qui m'évoque le mien. Chaque fois qu'une femme est agressée. Chaque fois un nœud à l'estomac. Chaque fois l'envie de vomir. Chaque fois le rappel que cette histoire, d'autres femmes la vivent encore.

Cet événement aurait pu me briser. Il m'a endurcie.

Sans doute ai-je gardé des séquelles, mais j'ai décidé de faire de cette épreuve une force nouvelle.

Elle est comme un rappel, dans ma propre chaire, que le combat pour l'Égalité et les droits des femmes n'est pas une lubie ou un passe-temps comme je l'entends encore trop souvent. Jusqu'à mon dernier souffle, je militerai pour les femmes. C'est devenu comme une obsession chez moi.

Les femmes subissent de nos jours encore les pires sévices, par le simple fait de leur naissance, en France et partout dans le monde.

Pour chaque pas fait en faveur de ce combat, il y aura toujours un connard, un A. Grégoirian pour faire reculer le progrès.

Chaque viol, chaque agression sexuelle, chaque violence, chaque injure qu'une femme subit, c'est un pas en arrière pour le progrès. Et pour l'Humanité toute entière.

Mais chaque femme qui parle, qui brise le silence, qui dénonce ces agressions, c'est un pas immense vers l'égalité des droits.

Nul ne peut ignorer ces ignominies. Nul ne peut les banaliser ou les minorer. Nul ne peut les nier.

Je me battrai, je me battrai et je me battrai encore — et nous sommes nombreuses dans ce cas là — jusqu'à ce qu'il ne soit plus nécessaire d'avoir à commémorer une journée du 8 mars pour rappeler l'égalité de droit entre les êtres.

Je tenais en début de mandat, un cahier où je notais les péripéties liées à mon statut d'élue.

Je notais tout. Comment contre mon grès, je me faisais peloter, enlacer, prendre à bras le corps. Comment j'évitais les bises qui frôlaient insidieusement mes lèvres. J'y notais les regards lubriques, les blagues grasses, les avances en tout genre, les messages douteux, les frappes à la porte de ma chambre d'hôtel, la confidence surréaliste d'un ancien combattant sur sa vie sexuelle passée avec « une femme comme moi », les demandes en mariage, les lettres d'amour, les avances d'hommes mariés « tu sais, je suis fidèle en infidélités », les bouquets de fleurs accompagnés de mots doux…

Je m'en suis débarrassée.

Après y avoir annoté une dernière phrase, au sujet de cette nuit à Erevan : « Comment il m'a attirée dans sa chambre d'hôtel sous de fausses excuses ».

Je n'en pouvais plus. Je n'en voulais plus. Le cahier a fini déchiqueté à la poubelle. Comme pour me débarrasser de ces horreurs dont le souvenir écorchait chaque millimètre de mon être.

Bien des jours, l'âpreté et la violence de ce monde, qui par ailleurs demandent un engagement dévorant, plus dur encore parce que femme, m'ont donné envie de tout mettre à la poubelle, comme ce cahier de recueils.

J'ai souvent rêvé d'une gomme à effacer l'immondice machiste. N'en ayant pas, j'ai choisi la voie de la résilience pour continuer ces combats nécessaires.

Comme avec Henri, je t'ai raconté cette histoire d'une seule traite. Comme pour m'en débarrasser une deuxième fois.

COMBATIVE

Les années passent, et je prends de plus en plus de place. Qui l'aurait soupçonné ?

— Comment t'as fait pour en arriver là, t'as sucé le maire ? T'as couché avec lui, c'est obligé.

Quelle violence !

Pourquoi diable entend-on encore qu'une femme promue ou élevée à une place ou à un poste, c'est qu'elle a couché pour réussir ? La fameuse promotion canapé très répandue dans le milieu professionnel est aussi très en vogue dans les coulisses de la politique.

Étant moi-même une femme, je ne dérogeais pas à ce syllogisme moyenâgeux devenu une sorte règle tacite à laquelle un certain nombre d'hommes politiques se réfèrent aujourd'hui encore pour tenter de comprendre pourquoi certaines femmes occupent des postes à responsabilité.

On m'accuse, on me soupçonne, on sous-entend que je ne suis pas compétente, mais que je ne suis que jolie.

> *En résumé, je profiterai de ma posture de beurette de service, ou de charmante nana pour en être là où je suis. Si bien qu'en 2014, je suis la deuxième des femmes sur la liste conduite par G.I. Joe. Ce qui me valut d'être de nouveau élue au conseil municipal malgré la défaite du maire sortant. La campagne fut comme lui : individuelle, froide, avec une vision, certes, mais*

visiblement mal expliquée. J'aurais voulu qu'il gagne, notre projet aurait aidé la ville et ses habitants. Mais après 37 années de confiance dans un gouvernement socialiste, la candidate sans étiquette très en vogue l'emporta. Et comme on dit en politique : les électeurs ont toujours raison.

Élue d'opposition, je prends mes distances avec G.I. Joe. Ce qui déplaît, car au fond, je gêne maman. Je ne suis pas toujours acceptée telle que je suis, ni pour la place que je prends.

Pour les vingt ans de la Radio France Bleu Drôme Ardèche, je m'étais rendue avec une amie à la fête. Toutes les personnalités du coin étaient conviées. Un ami de longue date, Patrice Caillet, célèbre animateur radio, nous faisait accéder à l'espace VIP. Nous passions un bon moment entrecoupé de rencontres amicales. J'y apercevais nombre d'élus que je saluais au passage.

C'était peu de temps après le départ de G.I. Joe.

Les spéculations sur qui prendrait la relève faisaient l'actualité. Mon positionnement politique face au maire actuel de Romans et mon engagement de toujours en faveur de la ville me rendaient incontournable dans les discussions.

J'étais dans la bouche de tout le monde, et en même temps, tout le monde interrogeait ma capacité à être tête de liste. Parce qu'Arabe.

Je croisais l'élu d'opposition de Bourg-lès-Valence, perdant de l'élection municipale de 2014. L'un de ces jeunes apparatchiks élevés au biberon socialiste, qui n'avait jamais fait que de la politique toute sa vie, étoile montante du clan Guillaume.

Faux vrai jumeau d'un autre jeune apparatchik qui sera candidat aux législatives de 2017 face à moi. Blanc Bonnet et Bonnet Blanc.

Difficile de distinguer l'un de l'autre, stéréotypés jusque dans leur façon de parler, caricatures grandeur nature de leur mentor. Seul leur terrain de « je » les distinguait. L'un jouait à Bourg-lès-Valence, l'autre à Saint Vallier.

Ils font partie de ces hommes politiques très importants qui n'ont le temps que de dire bonjour dans les couloirs du parti, car très occupés à faire des choses très importantes.

Jamais nous n'avions discuté ensemble ni avec l'un ni avec l'autre d'ailleurs.

Seulement voilà. Je ne suis jamais là où l'on m'attend.

Petit à petit et de plus en plus, je prenais de la place dans les colonnes de la presse locale. Au lendemain de chaque conseil municipal, les articles sortaient. Je devenais visible par la présence que j'occupais désormais dans le paysage politique romanais, forte de mon implication sur le terrain que beaucoup qualifiaient d'exagérée.

« Elle en fait trop. » C'est bien vrai ça maman, en bonne Arabe, j'ai toujours dû fournir deux fois plus d'efforts que les autres !

Mes prises de positions et sorties en assemblée municipale étaient racontées et commentées. En bien ou en mal, on parlait de moi.

Les attaques, tout comme les compliments fusaient. Pour certains socialistes, je devenais « l'ambitieuse », celle qui a les dents qui rayent le parquet. Je l'entendais, je le lisais même par le fameux mail baiser d'adieu de la part de G.I. Joe qu'il avait adressé à la petite planète PS juste avant de tirer sa révérence. Sa façon à lui, peu courageuse, de régler ses comptes avec moi.

Je croisais donc Blanc Bonnet avec lequel je n'avais jamais parlé en une décennie de camaraderie au Parti Socialiste. Mais ce soir-là, et devant mon amie, il viendra me parler.

Il insistait.

Un honneur, ironisais-je. S'installait alors un échange entre nous, ou plutôt un interrogatoire. Je devais lui répondre. Faussement sur le ton de la confidence, faussement sur le ton de la camaraderie, il cherchait à savoir :

— Bon alors ? Tu veux y aller, si j'ai bien compris.

— C'est-à-dire ? T'as compris quoi ?

— Tu sais bien, les municipales. Tu veux y aller ? Surtout que maintenant Philippe est parti… Il n'y a pas grand monde en plus. Moi, je pense que tu veux y aller…

— Et alors, ça t'intéresse ? Tu penses que tu auras plus tes chances à Romans que tu n'en as eu à Bourg-lès-Valence ?

— Allez vas-y, on est entre nous, tu peux me le dire… Moi, je dis toujours tout.

— Je n'ai rien à dire… C'est pas le moment. On verra bien.

— Quand même, tu peux me le dire… à moi, je le vois bien…

— C'est un peu tôt pour en parler… Mais puisque tu veux une confidence, sache seulement que je ne m'interdis rien.

— Non, mais tu comprends, faut faire attention si tu sors du bois… Ce n'est pas simple comme exercice. Regarde pour moi, ça a été dur… alors toi… bah, t'es une Arabe… alors t'imagines… Tu comprends… Moi, je sais de quoi je parle…

> *J'ai beau savoir que ça existe, j'ai beau l'avoir pris mille fois dans la gueule, ça fait toujours aussi mal cette façon qu'ont certains de nous extraire de la plénitude de notre citoyenneté.*

J'en étais estomaquée. Et en plus, il « mecspliquait » ce que j'avais à faire.

Pour une première conversation avec cet apparatchik de première, encore aigri par sa défaite, la consternation m'envahissait. Au point de ne plus savoir quoi dire. Mon amie me regardait effarée par ce qu'elle venait d'entendre.

— C'est pour toi que je dis ça. Bla bla bla. Moi par exemple, si j'ai perdu, c'est à cause bla bla bla trop d'Arabes sur ma liste bla bla bla. Je sais de quoi je parle. Bla bla bla. Les Français ne sont pas prêts bla bla bla…

Ce doit être cela, la Droite décomplexée dont parlait un ancien Président français. Ni plus ni moins.

> *Jamais je n'avais autant entendu de « moi, je » qu'en l'écoutant. Avait-il un coup dans le nez ? Il n'avait pourtant qu'un verre d'eau pétillante à la main.*

Sa bêtise m'hypnotisait. Et elle disait quelque chose que j'allais entendre de plus en plus souvent au PS. Un faux argument qui reviendra régulièrement.

— Elle pourrait conduire une liste, elle en a les compétences, mais c'est une Arabe. Les Romanais ne sont pas prêts à voter pour une Maghrébine.

> *Une Maghrébine. Il y a tellement de mépris dans ce mot. C'est un terme fourre-tout dans lequel on range sans distinction des citoyens ayant un lien de naissance ou d'origine avec le Maroc, l'Algérie et la Tunisie. Comme si ces trois pays n'en étaient qu'un. C'est*

comme utiliser francophone pour désigner un candidat qui serait né ou d'origine belge, suisse ou canadienne. Foutaise.

La chansonnette commençait à tourner. Comme celle de ces messieurs qui expliquaient après la défaite de Ségolène Royal que les Français n'étaient pas prêts à élire une femme.

Par moment, quand la coupe était pleine, je me demandais, à entendre pareils propos, si je militais bien au PS ou si je ne m'étais pas égarée dans un autre parti.

Je ne savais pas que sortir du bois me coûterait si cher en remarques xénophobes, sous couvert d'efficacité électoral(ist)e.

Je découvrais à mes dépens, et comble de l'ironie au sein du parti que j'avais choisi, qu'il y avait une citoyenneté à deux vitesses. Les uns dotés du droit de vote et du droit à se présenter à une élection. Les autres, subalternes, dotés du droit de vote et puis c'est tout.

C'est à cette deuxième catégorie, qu'Arabe, on m'avait assignée. On ne le dira jamais, mais cette règle tacite existe.

Parce que j'étais une Arabe, une maghrébine, la course à la mairie m'était tout simplement interdite. Je venais de me cogner la tête contre un énième plafond de verre, moi qui en avais brisé tant d'autres pour en arriver là.

J'en avais bien entendu parler, mais je ne pensais pas y être confrontée. J'oublie parfois que je ne suis pas que Française et que pour certains, je ne suis qu'étrangère.

Tous les efforts et l'investissement reconnus par tous ne m'ouvriraient pour autant jamais la porte de la mairie ni d'aucun autre scrutin. C'était comme ça. Au mieux, je pouvais devenir première adjointe, selon certains. C'était même ce qui était prévu, du moins un temps, par nos grands stratèges locaux.

De quoi allais-je me plaindre ?

— T'es déjà bien là où tu es, tu sais.

Il ne faudrait pas qu'en plus je veuille gravir les échelons.

Jamais je n'accepterai cette assignation.

Ma relation avec le PS allait en se dégradant. D'autant plus que du côté péageois, on regardait Romans avec une appétence de plus en plus marquée. Et affichée sans vergogne.

> *Leur calcul était simple. Romans = un nouveau siège pour caser un. e membre de la cour à Guillaume. C'est aussi simple qu'un et un font deux.*

Au nom de quoi je n'avais pas droit moi aussi d'être ambitieuse ? Tout le monde l'avait été. Mais moi, l'Arabe, je n'avais pas droit de l'être.

Les règles du jeu changeaient selon la tête du militant. Mon visage de métèque m'empêchait d'être une candidate comme une autre, même dans mon parti. Deux poids, deux mesures dans toute son horreur.

Indiscutablement inadmissible.

Pour certains qui me soutenaient avec force et une amitié sincère, ils ne se rendaient pas compte qu'ils tenaient parfois eux-mêmes des propos offensants. Lorsque célibataire, certains s'autorisaient quelques commentaires odieux.

Oui, maman, même sur mes amours.

— Si tu veux gagner en 2020, va falloir te trouver un bon gaulois !

— Si tu te mets avec un blanc, ça fera plus ouverte, plus intégrée.

Voilà que l'on se mettait désormais à me dire quel type d'hommes je devais fréquenter. Ont-ils conscience de cela ? Se rendent-ils compte jusqu'où ils vont ?

Cette posture paternaliste et condescendante est également raciste. Et en contradiction totale avec la dignité et l'égal respect auxquels nous avons pourtant tous droit.

Ce n'est aucunement acceptable. Je l'ai fait savoir.

Je refusais chaque fois que je me sentais instrumentalisée de répondre aux injonctions. D'où qu'elles viennent. Je ne serai pas cette marionnette. Sans personnalité, sans valeurs, sans voie.

Si je le pouvais maman, je rendrais obligatoire le documentaire Mémoires d'immigrés de Yamina Benguigui. Elle rappelle notre histoire jamais acquise, comme si nous devions demeurer pour toujours des étrangers.

Je ne peux ni ne veux faire semblant d'être ce que je ne suis pas et que l'on voudrait que je sois au grès des faits divers ou des humeurs. Imperturbable, je demeure fidèle à mes valeurs, laissant l'opinion des autres troubler qui est prêt à les cautionner.

J'accepte la plus grande aventure d'être moi, disait Simone de Beauvoir.

Il y a de quoi dire maman, aussi sur la position de quelques frustrés du quartier de la Monnaie.

Trop Arabe pour les uns, pas assez pour les autres. D'un côté comme de l'autre, on me jugeait à l'aune de mon apparence. Ou plutôt à l'aune de leur sombre connerie.

Certains me trouvaient « trop Française ». J'étais la représentante inconvenante et inconvenable du quartier. Je restais trop souvent avec les « gouers », terme populaire désignant les franco-français. Je reniais, selon certains, mes origines.

Mes robes, mes jupes et mes décolletés n'étaient pas adaptés. Mais adaptés à quoi au juste ? À leur vision rétrograde de la femme comme celle de ces députés sifflant la ministre Duflot ? Les uns siégeaient à l'Assemblée Nationale, les autres au quartier, mais leur attitude à l'égard des femmes était identique. Si tout les opposait, ils avaient la misogynie en commun.

> *Les femmes en politique sont un spectacle. Elles sont une succession d'épreuves. On les regarde, sous toutes les coutures.*

On me reprochait notamment de « collabeurrer » avec les élus de la République, avec la Police, avec l'Administration, avec l'Autorité. Tout cela amalgamé serait à l'origine des conditions déplorables de vie dans lesquelles ils étaient.

— Ces rastons avec qui tu traînes, c'est à cause d'eux qu'on en est là. Ils sont tous les mêmes, me disaient-ils.

Encore des cases, encore des étiquettes, encore des inepties.

J'étais pour certains d'entre eux la collabeur ou la beurette de service avec tout son poids de jugements, de méchancetés et de mensonges que ces termes induisent.

Je l'ai lu pour la première fois le terme de « collabeur » sur une page Facebook. Il s'agissait de jeunes à peine trentenaires, qui se revendiquaient du quartier. Une poignée de gars, qui vraisemblablement s'ennuyait, au point de commenter jusqu'à mes tenues vestimentaires, jugées par cette brigade du vêtement, trop ceci ou trop cela.

Ce compte était très virulent à mon égard, tenant des propos clairement sexistes et diffamants. « Le romanais de la Monnaie » qui avait l'éloquence d'une huître et qui n'avait pas le courage de donner sa véritable identité, se cachant derrière un pseudo qui, en fait, couvrait plusieurs copains, appréciait particulièrement s'en prendre à moi.

Toujours en bande. Toujours lâchement.

Mais il y a une différence entre la critique constructive, qui est légitime et souhaitable, et la diffamation gratuite, qui est condamnable et inutile.

Bien des insanités aussi fausses qu'elles témoignaient de leur ignorance totale à mon égard verront le jour sur le fil d'actualité Facebook de ces valeureux chevaliers… masqués.

Des propos aussi creux et sans intérêt qui ne disaient en rien comment régler le moindre problème de la ville. Zéro solution. Zéro vision. Que du blabla.

On me donnera plus tard les noms de ceux qui formaient ce petit groupe. L'un d'eux est un homme marié et père de trois enfants, donneur de leçon autoproclamé en morale islamique. Il m'avait fait, quelques mois plus tôt, des avances que je refusais net.

Drôle de coïncidence, tu ne trouves pas ?

Selon eux, j'étais : la nana qui mange du porc, qui boit de l'alcool, qui fête Noël, qui ne fait pas le Ramadan, qui ne fête pas l'Aid, qui est anti voile, qui fait des courbettes devant les blancs, qui ramasse des miettes de pouvoirs et quelques euros volés, qui renie ses origines, qui couche avec le maire, qui, qui, qui…

> *Qui est fatiguée ! Parfois maman, j'étais fatiguée. L'obscénité n'était pas rare et les ragots s'enchaînaient jour après jour : la pute du maire, la salope exigeante, la beurette de service, la bounty, la sans QI, le cerveau d'une blonde, la dangereuse extrémiste, mais la mécréante aussi. Et tout son contraire. Je ne sais pas combien il faut d'heures dans une journée pour jouer tous ces piètres rôles. Est-ce seulement possible ?*

Ils n'ont rien gagné de ce médiocre épisode, sinon contribué à dégrader leur propre image et entamer irrémédiablement leur crédibilité.

Après avoir vomi leur haine, nous n'entendrons plus parler d'eux. Ils disparaîtront aussi vite qu'ils sont apparus, ne laissant derrière eux que le vent qu'ils avaient jadis brassé.

Souvent, les fantasmes de certains prenaient le dessus sur les vrais problèmes qui méritent une réflexion en profondeur. Je le regrettais. Je le leur disais.

Je reconnais aux habitants de quartiers populaires oubliés par les politiques publiques, le droit de lutter pour une reconnaissance légitime de leurs droits. Je suis moi-même directement concernée comme des milliers, des millions de Français. Ils ont raison quand ils parlent de mise au ban par la classe politique, Gauche et Droite confondues. C'est aussi mon avis.

C'est vrai ! Il y a de quoi devenir fou. On n'a jamais demandé l'aumône, juste à appartenir à ce que l'on appelle la République. On ne demande pas plus de droits, on demande juste qu'ils soient respectés. C'est ce que tu nous as enseigné avec papa : ne demandez jamais plus que ce à quoi vous avez droit, mais vos droits, ne les cédez pas.

Je ne pourrais mieux le dire que Christiane Taubira. « Visant l'Égalité, la République doit savoir accorder à chacun les moyens de son autonomie ».

La maltraitance citoyenne qui leur est réservée nourrit ma révolte. Mais je suis en opposition à toute forme d'attitude victimaire ou attentiste.

« Ou libagha i dafa3 3la haqou, y noud bekri »
Que celui qui veut faire valoir ses droits se lève tôt.

S'il y a des raisons réelles et objectives de ne pas y arriver, c'est à eux aussi de se lever. À eux aussi de faire leur examen de conscience. À eux de se saisir de leur citoyenneté, d'agir, de revendiquer leurs droits et disposer des outils démocratiques qui ne demandent qu'à être utilisés. Sans pro activité, le changement ne se fera pas.

Ce « eux versus nous », comme trop entendu dans la bouche de certains politiques et citoyens, repose sur une vision binaire du réel dans laquelle je ne me retrouverai jamais.

Cette dualité qu'elle exprime m'écorche le cœur.

Pas pour moi, parce que je connais mon identité ; elle est multiple et riche. Mais pour ceux-là mêmes qui ne voyaient dans mon engagement politique que le reflet du rejet dont ils avaient été l'objet, construisant une identité en rivalité et en opposition à celle de ceux qui les oppressaient : les blancs.

Nous n'irons nulle part avec cette façon de construire la relation à l'autre. Il faut construire des ponts, pas des murs.

Certains étaient même extrêmes dans leur approche.

— On n'est pas des vendus nous.

Une fois de plus, j'étais expulsée d'un « nous » auquel je pensais appartenir, moi la fille du quartier.

— On est du quartier, nous, on ne vient pas à vos réunions à deux balles qui ne servent à rien et on vote pas, OK ? Recevais-je lorsque j'essayais d'en inviter quelques-uns des plus virulents à l'égard de la politique.

J'arrivais toujours à discuter avec eux. Car ce qu'ils exprimaient, je le comprenais. Ce qu'ils ressentaient, je le ressentais moi aussi. Leur colère, c'est une blessure à corps ouvert. Une douleur que nous avons en commun. Nous l'exprimons différemment, c'est tout.

J'étais souvent l'une des seules, pour ne pas dire la seule Arabe du groupe ou dans les réunions, les cérémonies ou les rencontres publiques auxquelles je me rendais. Certains élus n'ont pas manqué de me le faire remarquer comme pour justifier leur injustifiable deux poids deux mesures.

Ce n'est pas que ces citoyens « comme moi » en soient exclus, mais je comprenais en étant de l'intérieur qu'ils n'y étaient pas inclus. Une simple invitation ne suffit pas, un travail de fond sur la citoyenneté est urgent. Un travail que même la Gauche n'a pas fait, ou du moins, insuffisamment.

Je n'ai jamais aimé cette réalité. Elle me faisait mal. Car doublement concernée : car femme de quartier et femme de Gauche.

Elle mettait en évidence tout ce qui est à faire pour arriver à ce que tous les citoyens, y compris ceux que l'on qualifie de minorités, se sentent concernés par le débat public.

N'arrivant pas à répondre au « pourquoi », je me suis attelée au « comment » y remédier. Parce que c'est par l'action que l'on sortira de l'impasse.

Je m'y affairais, du mieux que je pouvais, même si mes moyens étaient modestes. Je refusais l'exclusion de certains à leur propre citoyenneté.

Parfois, par des actions simples et si peu onéreuses.

Par exemple, lorsque je faisais visiter la salle du conseil municipal aux mères du quartier qui me demandaient lors de rencontres au marché, chez des amis communs ou autour de leurs projets au sein de la Maison de quartier, en quoi consistait mon rôle d'élue. Leur curiosité me réjouissait. Je prenais non seulement le temps nécessaire pour leur répondre, mais je le faisais avec joie.

C'était comme te parler maman.

Leur accorder ce temps sur place était ma façon de les inclure dans le processus démocratique.

— C'est ici mesdames que nous parlons des projets de la ville, comme quand nous accordons des subventions à telle ou telle de vos associations, ou pour tel ou tel projet. C'est ici que l'on débat avec les élus de l'opposition (…).

Certains élus et techniciens se moquaient presque affectueusement de moi.

— Tu perds ton temps Latifa, elles n'ont pas le droit de vote.

C'est bien vrai ça. La plupart n'avaient pas le droit de vote. Certaines ne parlaient même pas correctement notre langue, voire ne la parlaient pas du tout.

Je ne pouvais m'empêcher de penser à ton arrivée ici.

Dans quelles conditions étaient-elles venues ? Comment vivent-elles dans ce nouveau pays ? Avions-nous été assez accueillants pour leur donner envie de participer au destin de notre nation ?

Chacune de ces femmes mamans, c'était toi.

Je me souviens du visage et de la voix de chacune d'entre elles. Toutes différentes, elles avaient un peu de ton histoire en commun.

Certaines ne votaient pas, d'autres n'étaient même pas Françaises, et peut être ne le seront-elles jamais.

Et alors ?

Nos destins sont liés, car nous avons la République en commun. Elles sont elles aussi la France, car elles y vivent et qu'elles lui ont donné des enfants, qui sont nos enfants et sont déjà des citoyens à part entière. Les accompagner est aussi de notre responsabilité. Ne pas le faire est un manquement grave à notre vie commune.

> *Qu'est-ce qu'il dit déjà ce proverbe arabe ? « La mère est une école, si elle est bien éduquée, c'est tout un peuple qui est bien préparé. »*

Tout faire pour vivre une France que nous représentons tous et qui nous représente tous.[8] La diversité doit être vécue comme porteuse d'un mieux vivre ensemble, et non plus comme un problème ou un obstacle comme cela est encore trop souvent le cas.

8. Noumane Rahouti, docteur en psycholinguistique.

ENDURANTE

Alors que précisément j'avais choisi le Parti Socialiste pour son combat en faveur de l'émancipation et de l'égalité pour tous, je découvrais une forme de discrimination encore plus ambigüe de l'intérieur. Plus violente, même, car sournoise.

On me jugeait régulièrement, sans le faire franchement non plus.

C'était très instructif, car si cela ne disait rien de qui je suis, leurs jugements me disaient tout de qui ils étaient.

Côté socialiste, je devais être Arabe, mais pas trop quand même. Je devais rentrer dans une case, pourtant le parti que j'avais choisi prétendait lutter contre les stéréotypes. Mais m'en écarter était un problème aussi. C'était à en perdre son latin. Vraiment.

> *Ces fameuses règles tacites auxquelles seuls ceux qui y avaient recours pouvaient y comprendre quelque chose, je suppose.*

Tantôt exhibée, comme porte-drapeau quand un Manuel Valls — alors Premier ministre — vient en visite officielle dans la Drôme, tantôt reléguée au second plan quand un attentat est commis alors que l'on prépare des élections.

Cela dépendait du bon vouloir de certains du PS, en tous cas de celles et ceux qui le dirigeaient. Une poignée tout au plus. Mais une poignée qui faisait la pluie et le beau temps chez les camarades drômois.

Une exception se dessinait cependant dans ce paysage homogène et uniforme de socialistes : la section locale de Romans. La rebelle de la Drôme.

Romans que l'on désigne volontiers comme une terre d'indocilité et de créativité. Les Dauphinois, nom que l'on s'attribue dans la région, considèrent que la Révolution a commencé avec la journée de Tuiles à Grenoble, suivie de l'Assemblée de Vizille, et c'est Romans qui a pris le relais ensuite. Quand on se promène du côté de la gare, on y aperçoit un monument conçu pour perpétuer le souvenir des 2 Assemblées des 3 ordres de 1788. Y sont gravés ces fameux vers d'un célèbre auteur du 18e siècle, André Chénier, qui rappelle cet événement :

« Père du Grand Sénat, ô Sénat de Romans,

Qui de la liberté jeta les fondements :

Romans, berceau des lois… »

Comme les anciens de Romans, je ne faisais pas partie de ceux qui acceptaient cette mainmise. La Guillaumie, je n'en ferai pas partie. J'étais allée à la bonne école avec Henri Bertholet qui, entre autres qualités, faisait figure d'indépendant face à cette baronnie locale. Il sera longtemps, non seulement mon ami, mais aussi un exemple qui me plaisait de suivre en politique. Notamment parce qu'il n'avait jamais courbé l'échine, pas même devant Didier Guillaume.

Cruella d'Enfer de la politique, c'est lui maman. Un personnage qui s'est dévoyé, totalement obnubilé par le pouvoir et ses 101 (ré)élections.

Je respecte son engagement. Je regrette néanmoins qu'il se soit perdu dans ses combats, obsédé au fil des années par sa place d'élu et celles de sa garde très rapprochée.

Archétype de ce que les Français ne veulent plus voir en politique, il a quelque 44 ans, 7 mois et 14 jours de mandats à son actif à l'heure où j'écris ces lignes.

Il est aujourd'hui, après m'avoir tant critiquée d'avoir rejoint Emmanuel Macron, ministre de l'Agriculture, lui l'ancien sénateur PS, même s'il avait annoncé quitter son mandat pour s'orienter vers un projet professionnel.

« J'ai décidé de quitter la vie politique. Je vais démissionner de mon mandat de sénateur dans les semaines qui viennent. Cette décision est mûrement réfléchie », déclarait-il le 16 janvier 2018 sur son profil Facebook. « Mon parcours illustre la cohérence entre mon discours et mes actes. J'ai toujours pensé, et dit, qu'il existait une vie avant et après la politique. Même si j'ai aimé passionnément chaque mandat, je ne me suis jamais accroché trop longtemps à des fonctions. »

Très belle déclaration, je trouve. Des mots. Rien d'autre. Car ils ne seront jamais suivis de faits.

Déclaration sur laquelle il reviendra plus vite que ne se termine un film de Walt Disney. Le poste qu'il convoitait ne correspondait plus à ses attentes, car il n'avait qu'un rôle honorifique. Entendez « non rémunéré ».

En 2014, année politique charnière en vue de la préparation des élections départementales et régionales, j'étais amenée à discuter avec lui, à plusieurs reprises.

Il me demandera un rendez-vous. Une première du genre, que je ne manquais pas de préparer. Je me dirigeais à son bureau de sénateur, dans la commune de Bourg-de-Péage. Son fief. Nous avions parlé élections, stratégie et avenir.

Il me positionnait comme une élue montante, avec un rôle à jouer. Je devais travailler avec les autres camarades qui voulaient eux aussi faire gagner nos idées de Gauche sur la Drôme. J'étais d'accord sur ce point-là.

La question se posait pour l'élection départementale prochaine. Le mode de scrutin changeant, il partirait avec un binôme femme, comme la loi le prévoyait désormais. Un ticket Guillaume-Chay, pour notre canton commun. Lui dans son fief, moi dans le mien.

> *Tu sais maman, cela me rappelle que certains élus peuvent avoir de l'humour.*
>
> *Quand je suis arrivée en 2008, l'une des premières réunions politiques portait elle aussi sur la préparation des cantonales. C'est comme cela qu'on disait à l'époque pour parler des élections départementales. Avec Emilie, on était les deux seules nanas et les plus jeunes aussi. Même en additionnant nos âges, on était dans la moyenne basse de ce groupe de cheveux blancs.*
>
> *Vient alors à nous un drôle de clown. Un véritable nombril sur patte, habillé d'un pantalon de velours, ventre de Père Noël qui sort de sa chemise blanche,*

fermée par un nœud papillon et bretelles de circonstance pour maintenir ce tout hasardeux de plus de soixante ans. Ce Georges Clooney de la blague me regarde fixement et me lance :

— Tu connais le féminin de conseiller cantonal ?

— Oui. Je suppose que l'on dit conseillère cantonale.

— Et bien non ! En politique, on dit suppléante ! Faut réviser tes classiques jeune fille.

Tout le monde a ri. Tout le monde, sauf moi maman. Car je ne ris pas aux bouffonneries patriarco-misogynes.

— Tu gères ça avec ta section, nous entendions-nous avec Cruella avant que je ne parte. Il n'y avait aucune candidature à ce moment-là. Cela arrangeait bien nos affaires.

Tout le monde dans le microcosme socialiste en parlait. Même Henri Bertholet, celui dont l'avis comptait, voyait ce ticket d'un bon œil, offrant une vraie complémentarité de profils. Cela m'ouvrirait la porte pour d'autres rendez-vous électoraux. Il y avait nécessité à reconstruire le paysage politique après l'échec cuisant de G.I. Joe aux dernières municipales.

Mais voilà. Le fameux « tu gères avec la section » dans laquelle il n'y avait aucune candidature a été plus compliqué que prévu. Cela a ouvert des débats insensés en section par voie de mails.

Je n'en revenais pas maman.

Celui lancé par un ancien chef de cabinet, accessoirement époux de l'une des deux autres candidates surprises à la candidature des départementales, dont je n'aurais jamais soupçonné une telle virulence, ou celui — pire encore — de G.I. Joe qui, avant de quitter la ville, décida de mettre un bon coup de pied dans la fourmilière.

— Et puis quoi encore, elle ne voudrait pas être maire de Romans aussi ?! me rapportaient certains.

— Faut pas déconner, une Arabe maire de la ville, les Romanais sont pas prêts.

Nous y voilà donc.

Ils passaient des départementales, que nous préparions effectivement, aux municipales qu'ils anticipaient totalement.

Même moi, je n'étais pas allée si vite en besogne.

Une réunion de section portait sur les rendez-vous électoraux de l'année à venir, département et région. J'annonçais, entre autres sujets, la candidature de deux autres femmes, ainsi que la mienne, pour venir compléter les tickets hommes sur nos deux cantons. Évidemment, côté homme, c'était réglé depuis fort longtemps.

G.I. Joe ne répondait plus, ni à mes SMS, ni même à mes appels, pas plus qu'il ne viendra à cette réunion. En stratège de pacotille, ce fou de chiffres et de chaussures pour femmes préférera à l'échange en direct, l'expression froide et volontairement polémique par mail.

Il a enfilé son masque de Zola, et nous a sorti un piètre « J'accuse » : « elle a l'ambition personnelle agrafée dans le dos ». Trop indépendante à son goût, même s'il adorait ma collection d'escarpins.

C'est passé aussi vite que c'est arrivé. La tempête de G.I. Joe avait fait plouf dans un verre d'eau.

Il n'avait réussi qu'à démontrer l'aigreur qui le rongeait et sa volonté de diviser ce qu'il restait du groupe à notre section moribonde.

Je reconnaissais là son empreinte de toujours. Son « diviser pour mieux régner » qu'il avait déjà joué à plusieurs reprises. Au moins, me disais-je, là il montrait son vrai visage. Celui d'un homme qui dit ne pas aimer les conflits, car il préfère en réalité, les inventer.

Coup de théâtre lors des vœux de 2015. Cruella de la Drôme annonce qu'il n'ira pas aux départementales ! Il dit vouloir laisser à une nouvelle génération les rênes de cette aventure. Ça, c'était la version officielle. Celle qu'il nous fallait hypocritement louer devant la presse et les autres.

Celle que l'on entendait dans les couloirs du PS, et dont personne n'était dupe, mettait en évidence, suite à un sondage, l'alternance du département en faveur des Républicains. La Gauche allait perdre l'élection, disaient-ils.

Ce qui est certain, c'est que lorsque l'on part à une élection avec la conviction de la perdre, le sort se réalise. C'est ce qui arrivera quelques semaines plus tard d'ailleurs.

Pour autant, il fallait organiser les élections et désigner les candidats.

Les deux autres candidatures surprises furent rapidement écartées, à la fois par la section et la fédération. Mon engagement de terrain était indiscutable. Et la diversité devait être représentée. Mon arabité redevenait comme par magie un atout.

Mais un tout autre schéma se dessinait. Comme Cruella ne partait plus, quel homme pourrait bien le remplacer sur le canton de Bourg-de-Péage ?

Aucun. Sa succession n'avait pas été préparée.

Son dernier recours, un élu sortant qui a dû annuler sa croisière promise à son épouse récompensant des décennies de patience envers tous ses mandats enfilés comme on enfile des perles pour un collier de dinosaure.

Étant Romanais, quid de ma candidature comme titulaire comme convenue quelques semaines auparavant.

Surtout après le terrible attentat contre Charlie Hebdo.

Quel rapport me dirais-tu ? Il n'y en a aucun, maman.

Sauf dans la tête de Cruella d'Enfer.

— Tu comprends avec cet événement, toi en titulaire, ça va poser problème. On doit tout revoir avec cet attentat.

Que cela l'arrangeait bien ! Encore effondrée par la nouvelle des attentats, j'étais littéralement sonnée par les propos de Cruella. Il venait de m'enterrer vivante.

Muette. Je suis restée muette, maman. Incapable de sortir le moindre mot tant les siens témoignaient d'une violence inouïe. Mais ne t'en fais pas, j'ai rebondi.

L'émotion passée, je réunissais quelques poids lourds de la section. Nous préparions la négociation avec Cruella et le reste de la fédération. Cela s'annonçait compliqué. Son tour de passe-passe enrobé à la sauce terroriste ne dupait personne.

Hors de question que Romans reste sur le carreau de nouveau, quelle que soit leur nouvelle excuse. Nous proposerons un accord que je soumettrai à Cruella, prévoyant qu'il me demanderait d'être remplaçante, pour faire de la figuration au service des intérêts des élus de son fief, tout en amenant les voix de Romans avec moi comme remplaçante.

Diversité, quand tu nous tiens.

Il n'y manqua pas. Il était autant prévisible que redoutable. J'embrayais alors sur le deuxième point de négociation.

— Je n'accepte de partir comme remplaçante pour les départementales qu'à la seule condition d'être en position éligible pour les régionales. C'est oui pour les deux, ou c'est non pour les deux.

C'était un oui pour les deux. L'accord était passé.

Plus de temps à perdre. Je me lançais à cent pour cent dans l'élection des départementales qui m'offraient, en plus d'une visibilité grand public, une nouvelle tribune pour faire valoir ma vision et mes différences avec le maire de Romans, fraîchement élue.

Nous gagnons les deux cantons, mais la majorité basculera à Droite. Le département était désormais géré par Les Républicains. Mais c'était une belle victoire contre le maire de Romans. De quoi redonner le moral aux troupes. Et sans doute aussi d'ouvrir les yeux à certains loups, jamais rassasiés du pouvoir, qui lorgnaient sur la ville.

Les régionales arrivaient.

C'est là maman que j'ai appris le sens du proverbe « les promesses n'engagent que ceux qui les croient ». L'accord passé avec Cruella ne valait rien. Avec lui, j'ai appris que la parole donnée en politique n'avait aucune valeur.

Je vous passe les détails d'une bataille perdue d'avance où la fédération m'expliquait alors par A+B que je n'étais pas la bonne candidate pour être première des femmes, car Romanaise. Sauf si la Romanaise, c'était Martine.

Martine, adjointe au maire de Bourg-de-Péage, prend les élus de Romans pour des imbéciles.

J'avais dit ce que j'en pensais. C'en était trop pour la Guillaumie.

Et pour moi aussi maman, c'en était trop.

Je devenais trop ambitieuse pour certains. Pour mon rang, je veux dire. Parce qu'il y a bel et bien des rangs parmi les militants. Il y a ceux qui ont le droit de vote, et il y a ceux qui ont le droit de vote et de candidater.

Une nouvelle injustice.

Si on me proposait d'être sur la liste, ce n'était déjà pas si mal, me disait-on. Peu importe mes efforts, mon investissement, ma légitimité de terrain, mon temps passé au service de nos causes communes et des valeurs de notre parti.

J'étais sur la liste, me répétait-on encore et encore.

— Tu ne réalises pas que c'est déjà beaucoup Latifa.

Telles étaient les miettes que l'on concédait à me laisser et que l'on me présentait comme un festin. Moi, Arabe, il ne me fallait pas non plus exagérer. Je devais dire merci et puis c'est tout.

Mais béni oui oui, c'est fini.

Je comprenais, tel que je m'en ouvrais auprès d'un ami et militant infatigable, Afid, que l'ambition était réservée aux autres. Ce que je découvrais, effarée de le vivre, lui y avait déjà fait face quelques années auparavant.

Est-ce que je voulais devenir maire de Romans ? Je ne sais pas. Mais à partir du moment où on m'interdit quelque chose, tu me connais, je vais la chercher. Au nom de l'Égalité. Et au nom de mon droit à partager ma vision de la société, de ma ville, ou de tout autre sujet.

Je n'accepte de personne que l'on me dise « toi, t'as le droit de vote, mais tu n'as pas le droit de te présenter à une élection. »

Je n'accepte de personne qu'on me dise comment je dois faire mes choix.

C'est aussi cela que je découvre dans ce parti que j'avais pourtant choisi : ces deux poids, deux mesures, cette citoyenneté à deux vitesses.

Je suis rentrée en politique pensant améliorer les choses et je réalise que le plafond de verre est aussi à l'intérieur.

Quand je montre de quoi je suis capable, je me révèle, j'imagine qu'ils se disent « Dis donc Jean Louis, ce n'est pas prévu dans le plan d'accaparement du pouvoir par notre petite élite. La petite, elle n'est pas là où elle devrait être. Elle n'est pas restée à sa place. »

— Latifa, toi, tu pourras être première adjointe. Et franchement de quoi te plains-tu ?

— En fait, pourquoi je ne pourrais pas être Maire ? Juste, expliquez-moi pourquoi.

Parce que sans réponse claire, cela voudrait dire que je me suis trompée de parti.

> *Je me suis impliquée plus que de raison dans ce parti, délaissant bien souvent ma propre vie.*

L'envie de Justice, l'envie d'Égalité, l'envie d'être utile et sans doute aussi la blessure profonde du racisme, que je porte encore en moi, m'avaient amenée à choisir sans la moindre hésitation le PS.

L'absence de discrimination entre individus et leur émancipation constituent le socle de mon investissement. Ainsi, avec la promesse d'Égalité que je voyais dans ses valeurs, la cohésion et le dépassement de soi, tout cela scellait le PS à mon engagement.

Sans compter ni les heures ni les concessions faites au reste de ma vie, je me consacrais éperdument au parti. J'ai rencontré des hommes incroyables, des femmes fortes, une énergie collective réelle. J'ai vécu des moments intenses et noué des amitiés précieuses.

J'ai appris à défendre mes idées, à convaincre, à organiser, à être efficace et j'ai contribué à faire avancer le débat. Pour changer un peu, tout du moins essayer, le monde dans lequel nous vivons.

Mais l'Égalité que j'appelais de mes vœux n'était au PS qu'une chimère.

Je l'exprimais comme je l'écris ici. Honnêtement, peut-être parfois sans le tact requis, ce qui ne m'a sans doute pas toujours rendue sympathique. Mais avec franchise, tout le temps.

> *On perd l'habitude de voir des politiques exprimer ce qu'ils pensent réellement, avec leurs cœurs, avec leurs maux, avec leurs tripes. Je fais partie de ceux-là.*

De celles-là.

Je suis une femme qui veut agir, évoluant dans un milieu où la consanguinité de la caste au pouvoir, sûre d'elle, écrasante, arrogante, imperméable au monde extérieur, tente d'étouffer, de bâillonner, ou de réduire à l'obéissance celles et ceux qui ne sont pas du sérail. Celles et ceux qui ne sont pas comme eux.

Tout cela m'a souvent mise en colère. Au plus profond de moi. J'ai parfois laissé cette colère s'exprimer, comme le déplorent certains. Mais comment ne pas l'être face à l'inventaire des multiples façons, dont le mépris de classe ? Le racisme et la misogynie sévissent, perdurent et nuisent encore dans notre société ?

Penser et agir librement, je continuerai à le faire. Quels que soient les obstacles. J'en ai vu tant, j'en verrai d'autres maman.

« Gens Una Sumus » : nous sommes une famille. Cette devise aurait pu être celle de mon engagement politique et de mon engagement au PS. Mais ce n'était plus le cas. J'avais trouvé ma limite. La petite môme de neuf ans était excédée par ce qu'elle voyait dans les cuisines sales du parti, à commencer par celles de la Drôme.

Nous sommes en 2015. Même si j'apprécie l'engagement du Président François Hollande, la déchéance de nationalité est pour moi un point de non-retour. Non seulement c'est une mesure inefficace pour lutter contre le terrorisme, mais elle touche à l'un des piliers de notre République. Elle introduit une rupture d'égalité entre les citoyens et brise la nation.

Il instaurait, par cette mesure, une différence entre les Français - comment dire ? - de souche, et les Français binationaux. Comme si cette dernière catégorie était moins française que la précédente.

Je suis restée au PS presque une décennie, pas toujours d'accord avec certaines orientations, mais convaincue qu'il valait mieux une grosse machine capable de changer nos vies que pas de machine du tout. Sauf que le Parti Socialiste ne permettait plus cette transformation. Et la coupe était pleine.

La mesure annoncée par le Président et le sentiment d'injustice que je ressentais dans ma famille politique, c'en était trop. La défense des idées et des valeurs doit demeurer plus importante que l'appartenance partisane. Cette constellation de dysfonctionnements en ordre m'éclairait la voie d'une sortie imminente.

Je quitte le poing et la rose.

Après avoir longuement mûri ma décision, même si je le fais avec tristesse et mélancolie, car c'est un pan entier de ma vie qui se détache de moi, j'éprouve un sentiment de libération.

Écœurée par cet état-major départemental peu scrupuleux, comment aurais-je pu rester davantage dans un parti devenu détestable ? Dégoûtée, je laissais les dégoûtants entre eux.

Où est l'Égalité de notre devise républicaine ? Où est la lutte en faveur de l'émancipation ? Où est le progrès dans ces attitudes du « reste à ta place » ?

Hommes ou femmes, qu'ils soient nés riches ou pauvres, des quartiers cossus ou des quartiers défavorisés, professeurs ou ramasseurs de fruits, issus d'une famille Française ou nés en Afrique, nous avons tous les mêmes droits.

Je tiens suffisamment à ma liberté pour accepter qu'on la piétine de cette façon. Dût-elle me coûter cher, ma liberté je la défendrai. Les plafonds de verre, je comptais bien les faire voler en éclat tant qu'il y en aura sur ma tête.

D'une façon ou d'une autre, on allait m'entendre.

Rester les bras croisés n'est pas dans ma nature. Que puis-je faire à la place, maman ? Créer un collectif citoyen.

Je lance « Dialogue Citoyen 26100 ». Tout le monde peut venir. « Venez comme vous êtes » c'était mon slogan. Je rencontrais régulièrement des femmes et des hommes qui ne voulaient pas d'une approche partisane. Ils voulaient s'investir, mais pas être encartés.

Avec ce collectif, j'invitais les personnes motivées à agir, essentiellement celles qui ne voulaient ni de contrainte ni de coloration. Indépendamment de toute filiation politique, chacun était libre d'y entrer et d'en sortir. Nous n'étions pas nombreux. On se rencontrait, de temps en temps, à deux, à dix, ou à plus. Chez moi, ou dans un café. Pour construire une unité d'action à partir de la diversité des présents.

Dans un collège de la ville, celui du quartier, une poignée de jeunes avaient refusé de faire la minute de silence après les attentats de Charlie Hebdo.

Ils disaient qu'ils n'étaient pas Charlie.

Cet épisode ne manquait pas d'être commenté dans les réseaux sociaux et la presse locale, avec son lot d'amalgames insupportables, de jugements xénophobes, mais aussi de justes questionnements quant à cette attitude.

J'étais doublement affectée, maman : par le drame qui frappait notre pays, puis par les amalgames écœurants que l'on entendait ici et là. Devant ce spectacle de désunion, je me devais de réagir, car cela m'était insupportable.

Avec quelques membres de mon collectif, je proposais d'organiser la venue de Latifa Ibn Ziaten, mère de la première victime de Merah. Elle avait pour habitude de parler de l'histoire de son fils dans les écoles.

Je la voulais chez nous aussi.

C'était en février 2015. Devant une maman qui avait perdu son fils assassiné par un terroriste, et dans laquelle ils voyaient aussi un peu de leur propre mère, les collégiens qui n'avaient pas respecté la minute de silence commençaient à se livrer.

Ils avaient écouté. Deux heures durant. Puis, ils questionnaient. Ils parlaient. Ils pleuraient, même.

Ils expliquaient.

— On est contre ceux qui tuent les gens Madame, on sait que c'est *hram*[9], mais moi je suis pas Charlie parce que j'aime pas qu'ils se moquent de notre Prophète, c'est tout.

9. Illicite/interdit

Les langues s'abandonnaient dans une confiance bouleversante que nous partagions ensemble. La principale de l'établissement, les enseignants venus nombreux et l'infirmière scolaire étaient autant bouleversés que j'aie pu l'être en ce moment précis.

Entre émotions et larmes, nous avons communié.

— Et maintenant que nous avons parlé, est-ce que vous êtes d'accord pour faire une minute de silence à la mémoire de toutes les victimes du terrorisme ?

À l'unanimité, les élèves se sont levés. Et avec déférence, nous avons respecté la minute de silence. Tous. Sans le moindre problème.

Cela valait bien tout le brouhaha de critiques que j'avais dû essuyer pour avoir invité une voilée !

> *« Li ki dafa3a 3el haq may khafch ». Celui qui défend la Justice n'a rien à craindre. C'est ce que tu m'aurais dit parce que c'est avec cette phrase que tu nous as élevés maman.*

J'écrivais, le 23 janvier 2015, en réaction à l'interview du sénateur PS Cruella d'Enfer dans la matinale de France Bleu Drôme Ardèche, mon indignation face à l'amalgame qu'il alimentait au lendemain des attaques terroristes de janvier. La solution qu'il proposait n'était qu'une illusion de sécurité aussi populaire qu'inefficace.

J'en étais excédée. Ses propos jetaient ainsi la suspicion insidieusement à l'égard d'honnêtes femmes qui n'ont rien fait que la loi n'autorise de faire.

Assez ! Assez de ces discours que l'on entend que trop sur les plateaux TV, comme un épouvantail brandi exacerbant les angoisses, stériles sur le plan des idées et des solutions, instillant le doute et la suspicion sur l'autre. C'est ainsi que l'on moleste le bien vivre ensemble, c'est ainsi que l'on condamne la fraternité dont nous avons tant besoin.

« À quelques jours des effroyables attentats qui ont touché la France dans son cœur, remettre le débat sur le voile des Françaises de confession musulmane est un scandale.

Si on croit que la solution aux maux dont souffre notre République réside dans l'interdiction des mamans qui accompagnent leurs enfants en sorties scolaires à porter un voile, on n'a rien compris !

Le croire, c'est être totalement à côté de la plaque, c'est même un aveu d'échec face à l'ampleur de la tâche qui est désormais la nôtre. »

Que n'avais-je pas dit maman !

Ce message me vaudra moult mises en garde par quelques copains bienveillants du PS, car, sans le citer, tout le monde savait à qui je faisais allusion même sans le désigner nommément.

— Tu sais comment ça marche. Tu vas te faire taper sur les doigts, on ne critique pas le boss, recevais-je par SMS.

Je n'en avais que faire. Il faut parfois avoir le courage de dénoncer ce qui ne va pas, et de le dire avec netteté. Ce que je fis.

Se taire, c'était ajouter de la lâcheté à l'injustice que subissent ces femmes. Car dans ce grand bordel de pensées creuses, il est important de parler clair. C'est un courage qui peut coûter cher, parce je n'ai jamais voulu m'incliner, même devant un salaire, en acceptant un poste politique pour conserver ma liberté. Je ne suis pas, et ne serai jamais comme certains faux-culs. Ceux qui ont l'engagement tiède et sont friands de polémiques, qui exècrent les paroles tranchées.

Impossible de me taire, maman.

Mon féminisme m'enjoignait de parler pour elles, que l'on condamnait avec une facilité déconcertante pour des abominations que d'autres avaient commises.

J'ai en tête et dans le cœur ce rappel qu'en ces temps, il ne faut pas oublier :

« Nul ne doit être inquiété pour ses opinions, même religieuses, pourvu que leur manifestation ne trouble pas l'ordre public établi par la Loi. »

Art. 10 de la DDHC de 1789

INCLUSIVE

Des critiques comme celles auxquelles j'ai dû faire face en invitant une « maman voilée », j'en aurai d'autres.

Notamment lorsque je lançais de nouvelles actions citoyennes.

Il y avait trop d'abstentions dans les familles françaises d'origine turque.

Je consultais mon réseau pour trouver une personnalité qui donnerait envie à ces familles de s'impliquer dans les affaires publiques.

J'invitais alors une députée belge : Mahinur Ozdemir. Pour que ces familles se sentent concernées par la politique et qu'elles réalisent qu'elle était ouverte à tous.

L'abstention me rongeait. Oui, maman, je ne me suis pas attaquée au plus simple, mais c'est ce qu'il faut faire pour changer le monde, non ? Il faut penser à tout le monde et commencer par ses voisins de palier.

Rapidement, l'événement prit de l'ampleur, car le parcours de la députée était remarquable. Il suscitait fierté, respect et admiration auprès d'une partie de la population que l'on entendait peu.

J'en remerciais Laurent Hacken, ami et directeur adjoint d'une ministre bruxelloise, de me l'avoir conseillée.

— Tu verras, elle est chouette, m'avait-il dit en me communiquant ses coordonnées.

J'avais confiance en ses conseils, même s'il m'avait glissé qu'elle avait été exclue par le président de son parti, injustement.

— Mais c'est du passé, poursuivait-il.

Je n'y prêtais pas davantage attention, lui me garantissant qu'elle n'avait jamais manqué de respecter la position diplomatique de la Belgique et que l'affaire était lointaine.

À vrai dire, nous pensions que c'était le voile que la députée portait qui ferait réagir. Ce à quoi, je rappellerai qu'en France, nous avons la loi de 1905, dont j'avais prévu de faire un rappel.

C'était sans compter sur le zèle anti citoyen de quelques élus, notamment de celui d'un certain Pierre Pieniek qui était à l'origine d'une escarmouche. Il m'accusait d'avoir invité une députée turque négationniste. Rien que ça !

> *Lui, maman, c'est un tigre de papier, manipulant l'art de la polémique à merveille. Je ne l'avais pas vu venir. Parce qu'il faut être sacrément tordu dans sa tête pour arriver à de telles inepties et les jeter dans la place publique.*

Je l'imagine bien fouiller dans les archives et dans des articles de la fachosphère belge. La députée belge — et non Turque comme ils la qualifiaient — avait été renvoyée de son parti. Car elle refusait de signer une déclaration, de laquelle les autres membres du parti étaient étonnamment exonérés. Elle refusait ce traitement d'exception.

Je n'aurais jamais pu imaginer que des élus soient capables de manipuler le génocide arménien à l'encontre de la communauté turque locale à des fins purement politiciennes. Parce que c'est de cela qu'il est question : calomnie et diffamation.

L'ignominie n'avait donc pas de limite. Mais elle avait désormais un visage. Celui de Tigre de papier, et des autres.

Ils n'avaient eu aucun scrupule à construire des amalgames dangereux mêlant un génocide qui avait fait près 1,3 million de victimes arméniennes en 1915, pour me discréditer. Pour me combattre. C'est à vomir.

Ce jour-là aussi, j'ai rêvé d'une gomme à effacer l'immondice humaine, disait Louis Aragon. N'en ayant toujours pas, je me rappelais ce pour quoi je m'étais engagée en politique.

Tigre de papier et sa clique avaient fait un communiqué de presse à charge. Ils voulaient faire de notre événement un rendez-vous communautariste et contre la mémoire et la communauté arménienne locale. C'était à la fois fallacieux et dangereux, en plus d'être ignoble.

La légèreté avec laquelle ils ont voulu opposer les communautés aurait pu avoir des conséquences désastreuses. Cela continue, à vrai dire, à me glacer le sang.

On ne joue pas avec la Mémoire des peuples, on ne joue pas avec un génocide et des millions de morts, on ne joue pas à diviser les citoyens d'une même ville sur ce champ-là, ni sur aucun autre d'ailleurs.

Tout cela pour garder un petit bout de pouvoir, maman.

Dès le lendemain de leur communiqué, la salle de conférence de la Maison de quartier nous a été refusée, faisant fi de la convention signée de longue date.

— J'ai trop de pression de la part de deux élues de Gauche de Romans, on ne prend pas ce risque, je suis désolée Latifa, me confiait gênée mon interlocutrice au téléphone.

Je n'en revenais pas. J'avais beau expliquer que c'était une polémique montée de toute pièce, qu'elle pouvait vérifier par elle-même comme elle aurait pu le faire depuis tout ce temps, mais rien n'y faisait. C'était non. La charge était trop lourde pour elle.

Nous étions donc à quelques jours de la soirée-conférence, sans salle.

Céder à la censure n'a jamais été une option. Quelle solution alors ?

Je rentrais d'urgence d'un déplacement entre Paris et Rouen pour organiser une réunion de crise avec les membres du projet. Nous étions assiégés par la presse locale et ça bouillonnait sur les réseaux sociaux.

J'étais harcelée à titre personnel. J'ai même été menacée de mort et de viol. On a frappé chez moi dans la nuit à trois heures du matin, en tentant d'ouvrir la porte de mon domicile.

Quand l'opinion de comptoir, surtout via les réseaux sociaux, ouvre sa gueule puante de mensonges et de méchancetés, il est difficile de rétablir la réalité des choses. Le retour au calme fut compliqué.

Ce sont tes enseignements qui m'ont permis de garder la tête froide, maman.

Ce simple rendez-vous citoyen prit une tournure complètement inattendue et pour le moins écœurante. Le degré zéro de la politique politicienne : diviser pour mieux diviser.

Je prenais le temps qu'il fallait pour répondre à la presse, expliquant inlassablement les motivations de cette soirée placée sous le signe du dialogue. L'un d'entre eux titrait « Latifa Chay ne recule pas ».

Pourquoi reculer quand on agit pour l'intérêt général ?

Car cette soirée devait avoir lieu. Y renoncer comme certains m'y incitaient reviendrait à priver les Romanais d'un espace précieux de débat, de dialogue sur la citoyenneté, la vie de la cité. Je le refusais. Et je le refuserai toujours.

Trop de nos concitoyens se détournent aujourd'hui du débat public et de la vie de la cité. Qui peut nier ce désintérêt d'une partie des jeunes, notamment dans les quartiers populaires, vis-à-vis de la vie politique ? Qui peut nier le danger de l'abstention, élection après élection ? Comment ne pas voir les tensions aujourd'hui à l'œuvre dans la société française, faute de dialogue et de connaissance de l'autre ? Chaque espace de discussion est une chance pour la République et pour le bien vivre-ensemble. (…)

Je suis convaincue que le témoignage de cette jeune femme issue de la diversité, engagée dans le milieu associatif, puis en politique à travers son mandat de députée à seulement vingt-sept ans, suscitera un intérêt certain chez nombre de Romanais et en particulier des jeunes qui se sentent trop souvent exclus du débat public aujourd'hui. C'est bien ce parcours remarquable et non son programme ou ses idées que nous souhaitons mettre en évidence pour leur montrer que la politique et la chose publique sont l'affaire de tous, que chacun peut et doit même s'en emparer.

La semaine aura été longue en tension avant la soirée que nous maintenions, contraints, dans les locaux de l'association turque de Romans.

Système D oblige.

Aucun élu à l'origine de cette polémique nauséabonde ne viendra ce soir-là. Ni aucun élu tout court. On les avait pourtant invités spécifiquement à se joindre à nous, afin de dialoguer en bonne intelligence.

C'est plus facile de vomir sa haine que d'assumer ses propos.

L'événement sera transmis en direct via Facebook pour garantir la transparence de nos propos. Nous y tenions.

Je ne le réalisais pas sur le moment, mais cela avait permis un autre phénomène inattendu : une grande visibilité de notre soirée de quartier. Si bien qu'un car venu de Montélimar a dû être refusé à l'entrée, la salle étant déjà pleine de plus de deux cents personnes et ne pouvait accueillir davantage de monde.

Je leur ai dit ce que je pensais de tout cela maman.

Cela doit-il m'empêcher de travailler avec toutes communautés de notre ville ? Cela justifie-t-il d'annuler cette soirée comme certains m'y ont incitée ? Et priver ainsi les Romanais d'un espace précieux de débat, de dialogue sur la citoyenneté et la vie de la cité ?

Non. Je le refuse.

Je ne céderai ni à la pression ni à l'intimidation, qu'elles viennent de ma famille politique ou de quelque parti que ce soit.

J'ai un principe : en République, il faut savoir parler à tout le monde et ne pas rester dans l'entre-soi.

Et j'ai une méthode : l'échange, le débat, le collectif et surtout le terrain.

Je ne peux regretter cette soirée, même si elle s'est faite dans la douleur et l'inquiétude, car elle a permis de montrer que l'intelligence n'est pas toujours chez qui on se l'imagine, que le dialogue vaut mieux que le jugement, et que la politique peut parfois être cruelle.

Ce soir-là, la sagesse était bien du côté de toutes ces femmes et de tous ces hommes venus dire qu'ils étaient Français, venus prendre leur place de citoyen même s'ils ne savaient pas toujours comment faire, mais qu'ils avaient dans le témoignage de cette femme, comme dans le mien, la preuve que la voie des plus grandes instances d'un pays leur était aussi ouverte. À la condition de bien vouloir se saisir de leur citoyenneté et des droits et des devoirs qui leur incombaient.

— C'est vrai, c'est ici notre pays.

C'était magique maman, de les entendre s'exprimer en ces termes.

Des personnes ont pris la parole avec parfois une voix tremblante, parfois des larmes dans les yeux, mais ô combien décidées à parler parfois pour la première fois devant un public, micro à la main. Affirmer qu'ils étaient des citoyens français comme des autres. Des expressions fortes de personnes que l'on n'entend pourtant jamais.

J'en ai été émue.

— Pour une fois qu'on s'intéresse à nous en dehors d'une élection, avais-je entendu.

Cette phrase est insupportable, mais elle est souvent vraie.

Dès le lendemain de cette soirée à rebondissements, les journaux locaux retraçaient avec justesse et précisions son déroulé. Je les en remerciais.

Quant aux pompiers pyromanes, ils s'empressaient de défiler chez « nos amis turcs ». Passées leurs félicitations de circonstances sans s'étouffer, arrivaient les tentatives indignes de justification.

— On n'a pas pu venir, mais on tenait à te rencontrer ce matin. Le communiqué de presse n'avait rien à voir avec votre association, tu comprends. C'est surtout par rapport à Latifa qu'on a fait ça. Tu comprends, ça fait un moment qu'elle ne vient plus aux réunions du PS, elle fait des choses toute seule dans son coin sans nous avertir… Mais vous, on n'a rien contre vous. On a toujours eu de bons rapports avec vous, on vous aime bien, on ne veut pas que ça change…

Vertige.

Nous nous retrouvions plus tard pour débriefer. Autour d'un bon couscous que j'avais préparé, comme tu me l'as appris…

Le dialogue l'avait emporté sur leur cynisme.

Ceux qui m'accusaient à tort de communautarisme, mon islamité présumée me rapprochant culturellement des Turcs, n'avaient rien apporté au débat public sinon à montrer la politique dans ce qu'elle a de plus ignoble.

À l'inverse de leur critique, les actions que je portais étaient inclusives et ne laissaient personne sur le carreau.

Au lieu de me critiquer, ils auraient dû montrer davantage la vertu de leur propre comportement en faisant mieux que moi. Je leur dirai lors d'une rencontre avec eux.

> *Qu'on m'attaque par derrière à coup de « c'est une sauvage à l'état pur, une anomalie, une paria... » je n'en ai que faire, car ces attaques viennent toujours des mêmes. Mais cette fois-ci, j'étais en colère, car jamais, non jamais on ne doit jouer avec la Mémoire des peuples, ni monter les peuples les uns contre les autres.*

Je le dirai, et c'est la dernière réunion du PS à laquelle j'allais, forcée de m'y rendre uniquement pour revenir sur cette affaire montée de toute pièce.

> *Si tu les avais vus maman.*

Certains n'étaient pas fiers, j'étais presque rassurée de l'entendre, mais le mal était fait.

— Qu'avez-vous gagné à vouloir diviser les communautés ?

Je n'avais, selon eux, pas invité la plus pertinente des personnes — peut-être oui — mais qu'avaient-ils fait, eux, depuis toutes ces années, toutes ces décennies à voir des pans entiers de citoyens s'extraire de la sphère publique, ou pire encore, n'y être jamais inclus ?

J'étais en colère.

— Que faites-vous, que proposez-vous pour lutter concrètement contre cet abstentionnisme grimpant dans nos quartiers depuis toutes ces années ? Je n'attends pas la veille d'un rendez-vous électoral pour m'intéresser aux habitants de la Monnaie comme vous n'avez de cesse de le faire. Et je vous le dis comme je le pense, c'est aussi à cause de ça qu'on en est là aujourd'hui !

J'ose dire ce que je pense. Et j'ose faire ce que je dis. Pas toujours avec le tact, me reprochaient certains, mais toujours avec l'honnêteté que mes parents m'ont inculquée. Je ne fais pas de la politique (que) pour plaire, je la fais par conviction. Parce que c'est nécessaire.

Tout le monde n'a pas eu la chance d'être élevée par mon père et ma mère.

Je dis et fais ce qui me semble juste quand la possibilité m'est donnée d'agir et d'amener à faire réfléchir sur certains sujets, sans me perdre dans le flou d'une conformité qui ne sert que ceux qui sont déjà bien lotis.

Je ne suis pas certaine de savoir comment réussir à chaque fois à améliorer le débat et contribuer à un monde plus juste. Mais j'ai l'intime conviction que pour y arriver, il faut sortir de sa bulle, de sa zone de confort et des étiquettes que l'on se colle depuis bien trop longtemps.

Je saluais la sagesse et la bienveillance des présidents de l'amicale des Arméniens et des associations turques d'avoir su se garder de toute tentative de récupération. Leur dignité me touchait en plein cœur et me renforçait dans le chemin que j'avais emprunté.

Mais des polémiques, hélas, il y en aura d'autres.

Évidemment, une Latifa qui invite une Latifa puis qui invite encore une Mahinur, puis de nouveau invite la même Latifa, ce n'est pas très habituel chez ceux qui avaient commencé la politique avant même que je ne sorte du ventre de ma mère.

Toutes ces personnes aux prénoms qui ne sont pas dans le calendrier, cela peut déranger que je les invite, que je les plébiscite, que je les valorise, que je défende leurs droits à être des femmes comme n'importe quelle femme.

Des réunions publiques avec des invitées, j'en avais toujours organisé. Sans que cela pose problème. Mais dans ces circonstances, j'étais obligée d'admettre qu'il se disait autre chose derrière toutes ces critiques.

Lors d'un conseil municipal, au moment d'une question écrite que je posais au maire, Marie Hélène Thoraval (Les Républicains), je réagissais aux propos ouvertement sexistes de l'un de ses adjoints.

Lors de l'assemblée générale d'un club sportif, l'élu, en représentation officielle, expliquera au micro que les subventions accordées par le département, en la personne de Cruella d'Enfer, président PS, étaient proportionnelles à la taille de la mini-jupe de la députée maire PS de Bourg-de-Péage.

Un concentré de misogynie, sous couvert d'humour et plaisanterie inacceptable de la part d'un élu de la République !

J'attendais, d'autant plus que m'adressant à une femme, une condamnation sans équivoque, mettant de côté le clivage Droite/Gauche qui nous opposait. Mais visiblement mal à l'aise, elle préférera botter en touche refusant net de répondre. Elle lèvera la séance brusquement, tout cela filmé par un journal local et repris par le 20minutes dès le lendemain. La vidéo sera visionnée plus de 70 000 fois, soit plus de deux fois le nombre d'habitants de la ville.

C'est ainsi qu'une association « Regard de Femmes » prendra contact avec moi. Elle condamnera les propos de l'élu qui, selon elle, relèvent « d'un machisme primaire et d'une représentation archaïque des femmes comme objet sexuel ». L'association ira jusqu'à demander le départ de l'adjoint en question.

Comme l'association, j'attendais de la première magistrate de la ville qu'elle soit la garante du principe républicain d'Égalité entre les femmes et les hommes. Il n'en a rien été. Zéro excuse. Zéro sanction.

La banalisation du sexisme primaire en politique suit son cours.

Cette histoire avait beaucoup fait parler dans la ville. Certains tournaient l'affaire non sans une certaine ironie :

— Il est gentil ce Damien, c'était sans doute pas méchant, il n'est pas du tout politique en plus.

C'est vrai ça, maman, qu'il n'est pas méchant ce Damien, mais la question n'était pas là. Quand on tient ce type de propos en public et qu'on est un élu de la République, on doit en assumer la responsabilité et les conséquences.

Je ne manquais pas de le rappeler. Je fus aux yeux de beaucoup la parfaite militante socialiste-humaniste-progressiste-jusqu'au-boutiste-féministe parce que je défendais ardemment cette députée-maire.

Mais dès lors que j'avais pris publiquement la défense d'autres femmes, avec des prénoms exotiques, libres elles aussi et qui portaient un foulard — parce que c'est de cela dont il s'agissait au fond — me voilà aux yeux de ceux qui louaient mon militantisme l'ennemie publique numéro un.

Mais mon féminisme n'est pas à deux vitesses.

J'accorde un soutien infaillible aux choix de toutes les femmes, même si ce choix, je ne le ferai pas moi-même. C'est ma définition du féminisme.

J'étais un électron libre, pestaient certains socialistes. On ne pouvait me faire plus beau compliment.

Avec mon collectif citoyen, cette fois-ci, je m'orientais vers deux hommes aux prénoms bien français pour les prochaines conférences. Pas de risques qu'ils portent le voile !

Étant attaquée sur la Laïcité, il était temps de faire un rappel sur ce précieux principe juridique.

J'invitais Jean Louis Bianco, président de l'Observatoire de la Laïcité, ainsi que Francis Palombi, président de la Confédération des commerçants de France, pour parler de la redynamisation des centres-villes, car notre centre historique en avait bien besoin. Je programmais leur venue.

Avec Jean Louis Bianco, ce fut une journée riche en échanges avec les jeunes lycéens de la ville. Le proviseur et la professeure de philosophie de terminales, Nathalie, amie qui fût aussi ma prof, se réjouissaient de notre partenariat.

Sujet passionnant qu'est la Laïcité, avec la référence en la matière, on réussira à m'accuser de communautarisme. Une fois de plus.

— Tu t'appellerais François, je dis pas, mais tu t'appelles Latifa. En plus, ça tourne toujours autour des mêmes thèmes.

En cela, je rejoignais mes chers détracteurs. Oui, mes intervenants abordaient souvent les mêmes sujets. Ceux portants au bien vivre-ensemble. Je l'assume totalement. C'est l'honneur d'un élu. On n'en fera jamais trop dans ce domaine.

Quant à Francis Palombi, il avait été tellement sollicité pour les présidentielles que je n'ai moi-même plus pu le joindre pour qu'il intervienne à Romans. Je le regrettais. Mais j'étais rapidement rattrapée par le tourbillon des élections.

Des anecdotes, j'en ai encore plein les placards. Ça fait grandir vite tout ça, maman.

Une fois, un représentant du FN, ancien militaire assez impressionnant physiquement, était venu perturber le bon déroulement du vote dans le bureau que je présidais. Prétextant un dysfonctionnement, il me glissait un discret « sale Arabe ». Il aurait pu être innovant, mais finalement et sans surprise, il est resté très conforme à l'idéologie puante des Le Pen.

Un jour, un photographe du coin me mettra en demeure de trouver une solution à un problème dont j'ignorais détenir une quelconque expertise : le terrorisme. Ni Présidente de la République, ni ministre de quoi que ce soit, pas même maire de ma ville, « vous élue de la ville » m'interpellait-il, je devais trouver une solution à un fléau qui menace le monde entier. Sérieusement ?

Avec tout cela, maman, il y a encore tant à faire pour le bien-vivre ensemble.

Dans un monde incertain, complexe, avec des transformations sans précédent et d'une rapidité déconcertante, avec un affaiblissement visible des valeurs collectives, faire société est une nécessité impérieuse.

SURPRENANTE

2016, je m'intéresse à Emmanuel Macron. Son parcours est singulier. Différent. Surprenant, même.

Personne ne l'attend là où il est. Il surprend tout le monde, moi la première.

Un homme de ma génération s'apprêtait, en France, à entrer dans l'arène pour bousculer les vieux codes. Il incarnait à mes yeux l'audace, celle de mettre autour de la table des personnes d'horizons complètement différents. Cela m'interpelle. Il fait ce que personne n'a osé faire avant lui.

Progressivement, ma curiosité d'abord, puis mon intérêt, se sont changés en soutien, et mon soutien en militantisme.

Alors que la cote du monde politique est au plus bas et que les pires scénarios se profilent, En Marche ! surgit et crée une dynamique incroyable. D'abord autour de la bienveillance en politique, avec un engagement fort pro-européen, le dépassement des clivage Droite/Gauche, le rapprochement de la société civile avec le monde politique, l'égalité femme homme.

C'était notre pari. Convaincue de la force qu'apportent la diversité et la bienveillance comme valeur cardinale, cela m'a décidée à « marcher » dans la Drôme.

Très rapidement, je prends part à l'aventure des présidentielles alors que j'avais repris le chemin de la fac. Je mets tout cela de côté. Je m'engage parce que je crois en lui, en sa vision, en sa volonté de rassembler.

J'ai aimé chaque moment de cette campagne, car contrairement au PS où les éléphants du parti et les mafias locales nous dictent quoi faire et comment se taire, avec En Marche ! on partait d'une page blanche. On écrivait demain à plusieurs mains.

Un parti positif, optimiste, qui éveille la curiosité, qui donne de la force, qui vous met en lien avec des personnes que vous n'auriez sans doute jamais rencontrées sans cette communauté. Et dans lequel je lis que rien n'est impossible.

Je ne cachais pas mon enthousiasme. Ce qui me vaudra quelques attaques régulières par les anciens copains du PS.

Ils étaient furieux parce que j'étais partie. Alors que quand j'en étais, fallait-il que je la ferme quand je n'étais pas d'accord, mais rester tout de même pour servir la soupe. Vraiment maman, c'était n'importe quoi !

Je me mettais En Marche ! pour ce nouveau souffle démocratique. En plus, ce personnage aurait pu aller à l'école avec mon frère ou ma sœur. Il donne une autre dimension à cette élection. Et pour ne rien gâcher, il est ouvertement féministe.

Tu imagines bien maman qu'avec cette qualité-là, il me plaît plus encore.

On lance le mouvement dans la Drôme avec les sept membres fondateurs. J'organise minutieusement la transmission de onze années d'enseignements et d'expériences politiques. Je forme. Pourvu que cela prenne. J'amène tout sur la table d'un parti qui n'existait pas avant.

— Vous voulez vous engager ? Je vous offre tout ce que j'ai appris.

Je fais ce que j'aurais aimé que l'on fasse avec moi quand je suis arrivée à vingt-trois ans dans la fosse. Bien que ce ne soit pas la règle en politique. C'est même plutôt l'inverse qui se produit habituellement.

Ce qui rend fou le PS : ce qu'ils pensent, ce qu'ils font, ce qu'ils vont faire, je le sais. Et grâce à ma précieuse expérience, j'accélère le processus de formation des novices. Et avec eux, nous quadrillons le département. Nous vivons une expérience humaine inédite qui nous conduit à une victoire tant espérée.

On a un nouveau Président, maman ! Il n'a même pas quarante ans, tu imagines ?

Le candidat sans parti ni mandat est élu Président de la République. Ceux du PS qui prédisaient la défaite d'Emmanuel Macron se sont trouvés bien cons. C'était une première bonne nouvelle.

La deuxième, je la découvre quasiment en même temps que tous les Français au JT de TF1 de vingt heures. J'apparais parmi les seize premiers candidats investis. On met en avant mon profil, car il raconte un parcours atypique.

Mais ce jour-là, c'est aussi le jour de la mort de Nono. Ce qui me plongea dans une affliction profonde.

Je rentre dans la bataille des législatives, je commence par mettre de côté le deuil de mon cousin. Pas le temps d'être triste, juste le temps de lancer ma campagne.

Je basculais dans une dimension parallèle dans laquelle chaque minute comptait. Tous les autres candidats avaient eu un an pour préparer ce grand rendez-vous national, là où moi je n'avais que cinq semaines.

Et ça, maman, c'est un sacré défi. Comme tu le sais, c'est précisément ce que j'aime. C'est très stimulant intellectuellement.

Il fallait désormais penser la stratégie qui mènerait à ma qualification du premier tour. Je réfléchissais comme si la défaite était impossible.

Je pars avec un mental d'acier. Mon père me dit ce jour-là :

— *Raki najha benti.** Tu as déjà gagné ma fille.

Je reviens un instant, maman, sur ce qui m'a poussée à y aller, outre le fait qu'il fallait maintenant donner au Président la majorité parlementaire qui lui permettrait d'accomplir son mandat.

Deux événements me feront vouloir plus que tout faire acte de candidature aux législatives de 2017.

C'est d'abord la confiance unanime qui m'était témoignée par le comité de pilotage En Marche ! de la Drôme.

Cette confiance, je n'en avais pas l'habitude, ni au PS ni dans la vie.

Elle était bien au-delà de ce que j'aurais pu imaginer. Nous partagions une aventure humaine incroyable.

Et enfin, et surtout, la confiance d'Emmanuel Macron lui-même. Celle qu'il disait à l'égard des Françaises lors de son appel le 28 janvier 2017 pour qu'elles soient plus nombreuses à postuler aux législatives.

Avec une force et une sincérité que je ne peux oublier. J'étais frappée par sa volonté de ne pas considérer les femmes comme un dernier recours. C'était à mes yeux, une véritable révolution.

Il n'acceptait pas cet état de fait et était bien déterminé à faire en sorte que cela change. Cette déclaration m'avait touchée au plus profond de moi. Je me rappelais alors, dans une sorte de dialogue interne, certaines de ces dates importantes en faveur des combats féministes. Ils défilaient dans ma tête sans que je ne puisse les arrêter. Chacun de ses rappels était un pas de plus vers ma candidature.

Toutes ces femmes me faisaient réaliser que le doute m'était interdit.

Comment aurais-je pu hésiter davantage encore ? Comment, alors que toutes ces femmes, ces hommes par leur combat, m'ouvraient la voie pour être moi aussi une candidate comme une autre ?

Toute ma vie publique, ma citoyenneté avait été éprouvée, alors que pouvait-il bien m'arriver de plus ? Quel risque prenais-je réellement ? Celui de ne pas remporter cette élection ?

Absolument dérisoire à côté de tout ce que j'avais à y gagner et à apporter à la politique.

Je voulais moi aussi marcher dans les pas de ces grandes femmes qui m'avaient accompagnée tout au long de ma vie.

Et la première d'entre elles, c'était ma mère. Sa phrase bourdonnait en moi.

— Zaami[10] ! Un mot, un hymne, une philosophie de vie que j'allais honorer.

J'étais une femme, jeune dont les parents issus d'un milieu ouvrier avaient immigré en France dans les années 70 et 80, et je comptais bien avec tous ces attributs montrer que la politique était ouverte à tous les Français, et qu'elle n'était pas, qu'elle n'était plus l'apanage d'une petite élite.

10. Fonce !

Selon Camus, « il vient toujours un temps où il faut choisir entre la contemplation et l'action. Cela s'appelle devenir un homme. » Ou devenir une femme.

C'était à mon tour, par ma candidature, de revendiquer le droit à être candidate à l'Assemblée Nationale, consciente de tout ce que cela pouvait représenter dans l'esprit des uns et des autres.

Ma décision était prise et plus rien ne pouvait entamer ma détermination

Toute ma vie, depuis Annie Cotte, j'aspirais à être de nouveau considérée comme tout le monde.

Et bien, là je le suis.

La petite fille de neuf ans qui a été extirpée du « nous » auquel elle pensait appartenir, le Président de la République lui-même, l'y remettait. « Nous » is back ! Par cette désignation, j'ai de nouveau le sentiment d'appartenir à ce « nous ».

Elle comble, d'une certaine façon, cette injustice qui m'avait poursuivie toute ma vie depuis 732 après Jésus Christ. Si j'avais pu, je lui aurais dit : « merci Monsieur le Président. »

Mais la politique reste rude. Particulièrement en période de campagne. Je me souviens de certains ex-camarades qui me disaient :

— Tu rêves si tu crois véritablement que tu seras choisie pour être candidate aux législatives.

Cette phrase était d'ailleurs celle de Nathalie Nieson.

Elle maman, c'est Colgate, à cause de sa tête de gentille et son sourire figé qui ne disent jamais ce qu'elle pense. Si longtemps que je la connaisse, je n'ai connaissance d'aucun sujet politique qu'elle aurait porté. Aucun. Comme sans passion, avec des principes tièdes, comblée des dons de la médiocrité. Députée sortante et maire, elle m'aura quand même remerciée de l'avoir soutenue en conseil municipal pour l'affaire de la mini-jupe. Grande copine de Martine, de G.I. Joe, elle est elle aussi l'un des porte-flingues de Cruella d'Enfer.

Sa phrase était reprise en chœur par quelques autres suiveurs que j'avais moi-même fait entrer au PS. Toujours les mêmes d'ailleurs. Ils me confortaient dans ma décision d'avoir quitté ce parti agonisant de violences verbales, de médisances et de conflits.

— Sois lucide. Même si tu étais désignée, quel score penses-tu faire ? Tu feras au mieux les 5 % — et encore (rires) — qui manqueront à Pierre me disait, alors sûre d'elle, la députée maire Colgate alors que nous marchions dans le cortège organisé par l'Amicale des Arméniens pour nous rendre au lieu de commémoration du génocide arménien, le 24 avril 2017.

Ce jour-là, son disciple — caricature grandeur nature de son mentor Cruella et vrai faux jumeau de Blanc Bonnet — venait pour la première fois à cette marche à laquelle je me rendais sans interruption depuis notre élection en 2008.

Colgate était visiblement chargée de me distraire pour que son candidat serre le plus de mains possible. Je lui disais, pour tenter de me dépatouiller d'elle, que je n'étais pas là pour spéculer sur les votes des uns et des autres. Je ne présumerais jamais à l'avance du résultat des électeurs sans que le choix ne leur ait été donné.

> *Et finalement qu'importe le résultat. Ce que je voulais, c'est participer et enrichir le débat de mes contributions. Si je n'arrivais à convaincre ne serait-ce qu'une poignée de personnes, j'en serais fière et j'aurais le sentiment d'avoir été utile.*

L'important n'est pas de convaincre, mais de donner à réfléchir[11].

Si nombre de socialistes n'avaient pas apprécié que je rejoigne En Marche !, et malgré ses railleries à mon égard, Henri Bertholet sera bien le seul homme politique à réagir pour m'apporter son soutien lors des allégations diffamatoires à mon sujet.

---

11. Bernard Weber

En même temps que j'apprenais ma désignation à l'élection, les injures racistes, la haine dans toute sa vulgarité, les diffamations éructent. Et pourtant, du côté des élus, aucune condamnation.

Silence absolu. Silence infâme.

N'étaient-ils pas frappés par cette éruption de violence inouïe qui dit une perception du monde et raconte un rapport abject à l'autre ? Serait-il possible d'expliquer leur non-condamnation ? Alors qu'il est attendu qu'ils le fassent. Alors qu'il est d'usage qu'ils le fassent, même s'agissant d'un adversaire politique.

J'ai cherché longtemps les raisons de l'absence de condamnations par les politiques du coin à propos des violences exprimées à mon sujet. Couardise ? Peur de l'amalgame ? Impossible communication par temps de campagne ? Jubilation ? Complicité ?

Il n'y a rien à comprendre. Leurs silences face à ces calembours infâmes sont des actes. Ils banalisent, peut-être sans y prendre garde une doctrine nauséabonde. Car le sujet, ce n'est pas moi. Les sujets, ce sont toutes les victimes invisibles exposées au racisme.

« Comme je te l'ai dit, je trouve tout à fait dégueulasse la façon dont tes adversaires utilisent contre toi, selon la technique bien connue de l'amalgame, des prises de position qui ne sont pas les tiennes (...). Bien sûr, nul ne songe à utiliser cela contre le préfet ou les autres élus. Tu peux aller voir sur le site d'A.O... ce que je lui ai écrit. Vite, car j'ai peur qu'elle ne l'efface » message qu'Henri m'adressait le 18 mai 2017.

Un homme politique dont les années d'exercices n'ont pas altéré la dignité dans laquelle il avait inscrit son action.

Tu réalises, maman ? Cinq semaines seulement pour faire campagne, des adversaires politiques, un flot de haine et le silence complice de ceux qui auraient dû condamner. Une journaliste m'a même demandé comment je faisais pour tenir.

CANDIDATE

Je recevais des messages de félicitations, des bouquets de fleurs, des SMS et les missives délicatement écrites à la main, des encouragements chaleureux et même quelques livres offerts. De quoi me ressourcer à l'infini. Tout cela arrivait en nombre.

Comme les attaques via les réseaux sociaux et la presse d'Extrême Droite. Elles tombaient en cascade. Bien que moins nombreuses, elles étaient relayées, à ma grande surprise, par quelques personnalités locales.

Ce n'était qu'un début.

Georges, mon suppléant, et moi, nous prenions des coups de partout. Notre duo était coupable de quelque chose que nous ignorions. Moi la Française aux origines marocaines, lui le Français avec un nom juif. Il y avait dans notre binôme ce quelque chose qui attire les regards et qui attire aussi les foudres. Un couple politique contre nature diront certains, moi l'ancienne socialiste, lui l'ancien umpiste.

Georges, pourtant romanais, n'avait jamais mis les pieds dans mon quartier de naissance. Ce fut tellement improbable pour lui lorsqu'il s'y rendait pour la première fois qu'il avait fait un selfie devant les barres d'immeuble pour l'envoyer à son épouse.

Il sera d'ailleurs très inquiété lors d'une autre séance porte-à-porte à laquelle il venait avec moi. Un groupe d'une quinzaine de jeunes m'interpellait :

— C'est bien vous Latifa ?

Son appréhension était palpable. Son « attends-tends-tends-tends-tends.... T'es sûre que tu veux y aller là ? » accompagnait une gestuelle qui trahissait sa peur. Comme une espèce de prise de conscience que l'on ressent à l'approche d'un danger réel ou imaginaire. Il était en plein dedans.

Oui, j'en étais sûre, lui disais-je. Si bien que j'allais à leur rencontre. Aucune femme dans le groupe. Que des hommes, plus ou moins du même âge que le mien. Je suppose à en voir l'attitude de mon suppléant que cela pouvait être impressionnant une première fois, mais il n'y avait rien à craindre.

Ces jeunes gens sont des citoyens comme les autres.

Tendu, Georges le restera durant toute la trentaine de minutes qu'auront duré nos palabres. Plus de peur que de mal. Nous avons parlé. De la ville, du maire, du droit de vote, des promesses politiques, des présidentielles… J'avais voté pour François Hollande, aujourd'hui je soutenais Emmanuel Macron, j'expliquais pourquoi.

— Peut-être que vous ne partagez pas mon choix. Peu importe. Ne laissez personne choisir pour vous. Allez voter, même si c'est pour dire que vous en avez marre d'être pris pour des citoyens de seconde zone. Écrivez-le sur un bout de papier et glissez-le dans l'enveloppe, mais ALLEZ VOTER ! Je suis sérieuse les gars. ALLEZ VOTER ! C'est un droit et surtout c'est votre pouvoir.

Un moment agréable, comme je les aime, mais qui n'effaçait en rien l'agressivité qui perturbait quotidiennement notre campagne.

De la violence à l'état pur. J'en étais abasourdie. N'importe qui perdrait aisément pied dans cette avalanche de haine et de diffamations.

Nul ne peut réellement en mesurer l'impact tant qu'il ne l'a pas vécu. Pas un jour sans une insulte, une attaque ou une menace.

— Mais tu rêves, tu crois vraiment que toi, la petite beurette, tu vas y arriver, que tu seras la députée ?

Les réseaux sociaux sont inondés de commentaires immondes. C'est Salima, mon couteau suisse de 1,50 mètre qui s'occupait de filtrer tout cela, pour que je ne subisse pas ces torrents de haine qui nous tombaient dessus.

La première semaine, je l'ai écoulé en nuits blanches. Tout était passé au crible par la presse d'Extrême Droite qui ne trouvait rien d'autre que des photos de moi, parfois avec des femmes voilées dont une avec une députée et d'autres avec la mère d'un soldat tué par un terroriste.

Ils avaient trouvé là un os à ronger. De quoi les occuper un moment.

Une autre photo de moi avec un voile dans une mosquée circule aussi. Bizarrement, celles en bikini à la plage ne l'ont pas été.

Au sommet de mon engagement, après avoir tant donné et tant reçu toutes ces années, j'étais disséquée par les réseaux sociaux. Littéralement. De la plus ignoble des façons. Dès les premières minutes de ma désignation. Avoir été mise dans le dossier de presse national a incontestablement accéléré ce lynchage public.

Les vautours étaient nombreux. Comme ce torchon de Valeurs Actuelles qui décidait de s'en mêler.

Pourquoi mes photos dans une synagogue n'ont-elles pas circulé ? Ni celle avec le Catholicos d'Arménie ? Pourquoi mes photos dans un temple bouddhiste en Corée du Sud ne sont-elles pas non plus commentées ? Pourquoi mes photos ne circulent-elles pas quand elles montrent que j'accompagne des gamins de Sarcelles devant le Mur des Lamentations portant une kippa sur la tête par respect de la tradition juive, ou quand nous fêtons un shabbat dans une famille juive à Jérusalem ? Pourquoi ces photos-là ne circulent-elles pas ?

Parce qu'on veut ternir ma réputation. Pour cela, ils vont jusqu'à accoler ma photo avec celle d'Hitler. C'est le sommet de l'immondice. Et ça, ça fait mal.

Heureusement, j'avais mon livre de chevet, celui dans lequel j'aime me replonger. Celui de la Grande Simone. « Une vie » de Veil. Pourquoi ce livre maman m'a-t-il aidée à poursuivre mon engagement ? Pour chaque mot qu'elle a écrit. Pour ce qu'elle est. Pour sa vie. Pour ses combats. Pour son humanité. C'est comme un « Long chemin vers la liberté » de Nelson Mandela. Ce sont des livres qui m'accompagneront toute ma vie maman. Toute ma vie.

Ma voiture fut vandalisée deux fois, ma boîte aux lettres également, et on tentera encore de forcer la porte de mon appartement vers trois heures trente du matin.

Je ne compte pas le nombre d'heures passées au commissariat de police pour déposer des plaintes. Il est de droit qu'une injure raciste et/ou misogyne soit un délit. Pourtant, toutes les plaintes déposées seront classées sans suite. Même celles pour menaces de mort que je recevais pourtant en rafale sur les réseaux sociaux.

J'en avais le vertige. Au point d'en faire un malaise, un soir de cette première semaine d'un lancement de campagne comme nulle autre. Cela dépassait tout ce qu'une équipe de campagne aurait pu prévoir.

Les autres candidats doivent défendre un programme, moi je dois défendre mon programme et me défendre tout court.

Mais je ne flanche pas. Et en plus tu me manques maman.

Avec du recul, je sais avoir fait preuve d'une grande force et d'une résistance insoupçonnable, probablement renforcée par les expériences vécues. Face à tant de haine, de mensonges et de diffamations, et devant le silence complice de tous les leaders politiques d'ici, il m'était parfois difficile de passer outre sans le prendre pour moi. Ma sensibilité ne me le permettait pas. Difficile de l'accepter. Difficile de le comprendre. Parce qu'attaquée sur ma personne. Sur ce que je suis. Pour le simple fait d'être moi. D'être. Où diantre avaient-ils mis leurs valeurs pour réussir à se taire devant tout cela ?

Quant à ceux qui m'attaquaient, que pensaient-ils réussir à faire ? Me faire peur ? M'écœurer ? Me décourager ? C'est si mal me connaître.

Ils n'avaient rien fait d'autre qu'accroître ma détermination. Pas uniquement pour moi, mais pour tous ceux qui vivent dans leur chair cette brutalité aveugle que l'on nomme racisme.

Plus que tout, je voulais dénoncer ce qu'ils sont : une entrave au bien vivre ensemble et à la fraternité. J'avais la chance de pouvoir parler et dire ce que des milliers de nos concitoyens subissent quotidiennement dans la plus grande indifférence. La misogynie, la discrimination, le racisme primaire, et la haine à l'état pur.

Pour cela, et quand on se lance dans une campagne, il faut avoir le sang-froid.

Et une bonne équipe.

Mon équipe gérait très bien la situation, avec un recul rare au regard de la violence. Malgré le peu d'expérience politique de certains et le rythme accéléré d'une campagne expresse, Salima, Christian, Cassandre et Jean se sont démenés jour et nuit, sans répit, sans repos, sans rechigner. Et avec quel talent ! Je leur dois tant.

Comme je dois tant à ma famille pour leur soutien sans faille.

La campagne de dénigrement prenait de la place. J'échangeais avec le QG d'En Marche ! et notamment avec A.Grégoirian, et avec l'équipe à ce sujet. Je décidais de faire une réponse groupée que je travaillais avec Christian.

Comment ne pas être stressée ?

Je me suis alors rappelé ma toute première prise de parole. C'était en maternelle. Tous les gosses étaient montés sur ce truc en plastique jaune dont je n'ai pas le nom et qui sert d'estrade de fortune et chantaient quelques vers appris par cœur. Je me suis pointée devant Sophie, la maîtresse, je monte, mais pas pour faire comme les autres.

— Comment s'appelle la chanson que tu vas nous chanter ?

— Je sais pas, je l'ai inventée.

Si jeune et culottée. Si je monte, devais-je me dire, c'est pô pour chanter un truc que tout le monde connaît.

— Le chat est gris la nuit, le chat est bleu à midi, le chat est...

Un joli souvenir qui me redonnera le sourire juste avant ma première prise de parole en tant que candidate. Mon allocution finissait par les propos suivants :

— Il ne vous aura pas échappé que je suis une jeune femme (pour quelques années encore...), Française, d'origine marocaine ET musulmane. J'ai même été prise en photo avec un voile dans une mosquée... Ce qui revient sensiblement à être prise en photo en maillot de bain dans une piscine... Et que j'ai de surcroît l'outrecuidance de m'impliquer en politique.

Facteur aggravant, j'ai décidé de quitter le PS pour m'inscrire dans la dynamique du mouvement En Marche ! il y a déjà quelques mois.

Sur ce dernier point, davantage que de me blâmer, mesdames, messieurs les censeurs, les donneurs de leçons, demandez-vous plutôt comment vous en êtes arrivés là…

J'ai dernièrement été attaquée de toute part… antisémitisme, islamisation et j'en passe. Toutes les frustrations, la bêtise, les aigreurs se sont déversées sur moi…

N'attendez pas de moi que je me justifie. Je ne le ferai pas. Mon combat politique et mon parcours viennent balayer ces allégations dont les auteurs devraient avoir honte.

Avancer l'argument du négationnisme, qu'il soit arménien, juif, ou autre… est le pire degré du génocide… Jaurès, Dreyfus, Churchill et bien d'autres encore ont en leur temps reconnu l'ignominie du massacre perpétré à l'encontre de la communauté arménienne. Un massacre contre une communauté à laquelle je ne manque jamais de témoigner mon respect et ma solidarité lors de chaque fête et événement commémoratif.

Quant à mon antisémitisme inventé, je tiens à rappeler s'il en était besoin, mon action aux côtés de Latifa Ibn Ziaten pour œuvrer à prévenir des dérives sectaires de l'extrémisme quelle que soit sa forme… Faut-il rappeler notre voyage en Israël et Palestine en avril 2015 autour du vivre-ensemble entre la jeunesse de trois pays : la France, Israël et Palestine… ?

Alors désormais, cessez ! Ce combat ne vous honore pas… Il dégrade même assez sûrement notre communauté nationale… Vous contribuez par votre attitude à ses fractures, à ses divisions…

Et n'attendez pas de moi que je choisisse un drame plutôt qu'un autre, une ignominie davantage qu'une autre…

J'accepte d'en débattre avec vous, je vous y invite. Mon action est ancrée dans la réalité. Pourrez-vous en dire autant ?

Toutes ces injures, ces insultes, ces polémiques qui s'érigeaient contre moi chaque jour s'ajoutant aux menaces de mort ou de viol m'insupportaient. Mais pour la première fois, j'affirmais haut et fort et devant la presse que j'étais une jeune femme d'origine marocaine et musulmane.

Moi la Sémite, je réglais mes comptes avec mes détracteurs, en même temps que je faisais mon coming out de l'Islam.

Je n'aurais pu me taire. Les injures, celles dites pour me blesser, pour me désigner du doigt, pour m'exclure, elles étaient dites, indépendamment de ma personne, pour blesser, pour désigner du doigt, pour exclure des millions de citoyens de notre communauté nationale.

En plus d'une équipe incroyable, j'ai une famille formidable ; à laquelle je demande de faire un gros effort pour que je vive pleinement cette aventure. J'ai tout leur soutien…

Fatima arrive chez moi, dépose un sac dans mon salon, rempli de sachets au contenu complet, pour tenir toute une journée. Et elle me dit « prends-en un chaque jour, parce que je te connais, tu ne prendras pas le temps de manger, mais au moins tu auras ça. »

Fatima, c'est le genre de nana qui lorsqu'elle arrive, on ne fait pas trop attention à elle tant elle est discrète. Mais sitôt l'on croise son regard, c'est fini. Il suffit d'une fois pour qu'elle vous transcende.

> *C'est ta plus belle fille maman. Parce que c'est elle qui te ressemble le plus. Moi, j'ai tes yeux. Elle, elle a ta lumière. Celle d'une femme à la foi imperturbable. Du caractère, elle n'en manque pas. De ce côté-ci, elle ressemble plus à papa.*

Même quand elle est dévouée et solidaire, elle se demande si elle n'aurait pas pu faire mieux encore. Elle est une infirmière irréprochable, de celle dont on voudrait qu'elle s'occupe de nous si on était souffrant. Payée à coup de lance-pierre, cette presque fonctionnaire de l'hôpital public rattachée au service des soins palliatifs, où elle a laissé sa santé pour celles des autres.

> *Elle s'occupe de ses patients comme elle s'occupe de toi, maman. Quand j'entends des gens se plaindre des fonctionnaires, j'aimerais leur faire passer un stage avec Fatima. Rien que les mois entiers d'heures supplémentaires qu'elle a cumulés depuis ses six ans les aideraient à changer d'avis. Et ils comprendraient qu'elle mérite le prix Nobel de l'Amour et un peu plus que son salaire.*

Ma famille avait pensé à tout, pourvu que je pense à ma campagne. Je me lance corps et âme dans cette folle aventure.

Maman, je ne veux pas gagner à tout prix. Ma victoire, celle que je recherche depuis mes neuf ans, c'est d'être considérée comme tout le monde, et celle-là, je l'avais enfin. Mais si je peux être la prochaine députée, alors je donnerai tout pour y arriver.

Nous étions nombreux à vouloir écrire une nouvelle page de la politique française.

J'aimais cette énergie nouvelle que nous avions créée : celle mêlant la fraîcheur et la volonté des primo engagés à celle de militants aguerris tout aussi volontaires dans une aventure inédite. De toutes origines, de toutes les catégories socioprofessionnelles, de tous les quartiers de ma ville, et des villages d'à côté.

Comme ce médecin retraité qui s'engageait pour la première fois. J'étais émue que ce fût pour moi. Je l'étais aussi de l'entendre parler de Fatima.

Il ne savait pas que nous étions sœurs.

Il parlait pour la première à une femme « voilée ». Il ne voulait plus tracter et faire du porte-à-porte qu'avec elle.

— Merci Latifa ! J'ai fait des rencontres que je n'aurais jamais soupçonnées faire. Une femme voilée, je n'en connaissais pas. J'avais des préjugés, qui avec sa simplicité et son intelligence, se sont envolés. Elle est infirmière à l'hôpital en plus, on est soignant tous les deux, on partage le même avis sur pas mal de sujets. Elle est géniale cette jeune. Et pétillante ! Je voudrais refaire du porte-à-porte surtout si c'est avec elle, c'est possible ?

Je mettais autour de moi des personnes différentes qui avaient peu d'opportunité de se rencontrer. Nous formions une nouvelle force politique.

> *Mon équipe aux rencontres improbables était belle à regarder. Elle faisait du bien à mon engagement. Quel bonheur !*

La France avait besoin de renouveau. De tout cela se dégageait une dimension citoyenne forte qui s'inscrivait dans le progrès et l'humanisme, avec la volonté de faire avancer notre pays en brisant les lignes d'alors qui l'empêchaient de se mouvoir.

Et de s'émouvoir.

Une chose est sûre, c'est qu'indéniablement, j'aime faire campagne. Particulièrement pour les contacts directs qu'elle offre avec les citoyens.

> *C'est là que j'aime être. Parce que c'est là que l'on fait tant de rencontres, maman.*

Ce que j'appréciais plus que tout en politique, c'était de rentrer dans le vif du sujet. C'était, pour imager la chose, comme rentrer dans une mêlée au rugby. On rencontre un monde fou, avec parfois des idées différentes des vôtres, que l'on ne côtoie pas forcément tous les jours, à mon grand regret, en dehors du temps électoral. Voir les gens, les écouter, se rendre disponible physiquement, intellectuellement et affectueusement pour eux, les questionner, les comprendre dans leurs réussites, dans leurs échecs et dans leurs problèmes, commencer à identifier avec eux et formuler des pistes de solutions ensemble, s'intéresser à leur problématique et leur donner envie de participer à leur tour, leur transmettre mon amour de la chose publique, le tout dans un esprit bienveillant et constructif.

Somme toute, les considérer, comme chacun a droit de l'être.

J'en ai tiré chaque jour une grande satisfaction, car c'est le maillon de la démocratie le plus proche des gens. Une campagne, une élection, c'est un moyen de faire s'exprimer la démocratie de proximité. Les gens nous parlent directement, nous mettent face à leur réalité. Construire l'intérêt général avec en face de vous beaucoup de gens qui ne voient que leur intérêt personnel est un challenge qui peut déranger certains. Pas moi, c'est au contraire ce que j'aime le plus rappeler. Mon engagement est de mettre toujours l'intérêt général en avant et de faire au mieux ensemble.

J'ai aimé parcourir le territoire de la quatrième circonscription. Aller de villages en villages, sortir de ma zone de confort qu'est Romans, et rencontrer les citoyens de certaines communes où parfois le FN était largement placé en tête des scrutins.

J'avais une certaine appréhension au départ, je crois, maman. J'étais la première candidate issue de la diversité dans la plus difficile des circonscriptions d'un département rural où le FN demeure (encore) si élevé.

Dès les premiers échanges, la peur était dissipée. Avec l'animatrice En Marche ! du coin, nous avions parcouru nombres de petits villages pour les présidentielles. Y retourner plus tard m'avait permis de revoir des personnes que je n'aurais sans doute jamais rencontrées dans d'autres circonstances.

Les échanges étaient francs et sans détour. Certaines personnes m'avaient même dit, non sans une certaine fierté, qu'ils votaient *FHaine*. Pour certains, ils le faisaient sans pouvoir l'expliquer, simplement par habitude. Ils avaient peur parfois, surtout en regardant la télévision, mais que depuis notre échange, ils réfléchiraient avant de voter. Parce que j'étais différente, mais sympathique, que je n'étais pas comme ils le croyaient.

Ce n'est peut-être pas grand-chose dit comme cela, mais quand on sent qu'un début de confiance s'installe avec des personnes qui vous jugeaient jusqu'à présent sans vous connaître - la réciproque est sans doute aussi vraie – et qui après un simple échange sont prêtes à reconsidérer leur vote, c'est une immense victoire.

Et quelle plus grande récompense pour tout le travail de terrain accompli depuis toutes ces années !

Un immense espoir se dessinait.

Je ne saurai sans doute jamais si ces personnes ont finalement voté FN par la suite ou pas, mais notre échange a permis une ouverture.

Un grand pas vers un « nous » était fait.

J'organisais une série de meetings d'avant premier tour, dont un dans un village. Un couple d'une cinquantaine d'années venait nous saluer mon suppléant et moi à la suite de mon allocution.

Le débat était riche. Avec de nombreuses interactions avec le public.

Je me souvenais d'eux. Je les avais accueillis et salués à leur arrivée, voyant une réserve à peine dissimulée dans leur bonjour de circonstance.

— On voulait voter FN, mais franchement, on ne pensait pas dire ça, vous nous avez convaincus. Vous avez nos votes, Madame Chay !

Avec enthousiasme, nous poursuivrons l'échange quelques instants encore. Ils me remercient de ne pas pratiquer la langue de bois et de porter un discours réaliste face aux difficultés abordées lors des différentes interventions, le tout avec une sensibilité qui les avait touchés.

Quelle émotion ! J'en étais bouleversée d'espoir. Et en même temps, j'étais traversée par la colère.

Si, du haut de mes trente-trois années — de mes petites épaules comme dirait monsieur crotte de nez — avec la petite équipe que nous étions et nos petits moyens, nous avions réussi à faire ce grand pas, il me semble que les grands qui ont dirigé notre pays, comme ceux qui ont dirigé nos territoires, ont une responsabilité réelle dans les scores si élevés du FN.

C'est que l'on a bien voulu que ces votes demeurent si haut.

Si j'y avais songé, une fois ou deux, j'en étais désormais convaincue.

Combien de fois dans les coulisses d'élections ai-je entendu des petits barons locaux miser sur un score fort du FN dans l'espoir de gagner ?

— C'est stratégique, me disait-on.

Qu'est-ce qu'une victoire si elle repose sur une part toujours trop importante de votes extrémistes en plus d'une abstention de plus en plus élevée ?

Je ne m'y suis jamais faite. Je ne m'y ferai jamais.

Avec cinq personnes autour de moi, nous avions fait la différence dans un département rural où le FN fait depuis toujours des scores ulcérants, très hauts, avec une abstention dans le quartier où je suis née qui frôle les 90 % parfois, dans une circonscription historiquement à Droite.

Même si l'équation politique est compliquée, j'y mets toute mon âme.

J'ai mené la campagne que je voulais. Je passe la première étape avec succès.

J'arrive la première sur les quinze candidats. J'obtiens 23 % des voix. Pourtant certains avaient prédit que je ne ferais pas 5 %.

D'une tour HLM, je passe au deuxième tour d'une élection nationale.

Les tentatives quotidiennes d'isolement et de décrédibilisation par la polémique auxquelles j'avais droit auraient pu finir par m'écœurer définitivement de la politique, tant les raisons invoquées par les uns et par les autres étaient aussi creuses qu'elles étaient absurdes. Et infondées. Et odieuses. Et graves. Et puériles aussi.

Cela aurait pu m'écarter de ce deuxième tour. Pourtant les électeurs m'avaient placée en tête des votes.

C'était incroyable, maman ! J'aurais tellement voulu que tu sois là.

Les candidats non qualifiés devaient, comme il est d'usage de le faire, se positionner entre la candidate LR (Les Républicains), archétype de la politique à l'ancienne et moi, la candidate du nouveau Président.

J'attendais naturellement que le PS appelle à voter pour moi.

Pas que le maire de Romans le fasse !

Contre toute attente, Marie Hélène Thoraval, lors d'une réunion d'information, était venue me voir pour me proposer une entrevue au calme dans son bureau.

— Je sais que vous avez peu de temps, mais je vous promets que ça sera court. Venez avec votre suppléant svp, insistait-elle.

Méfiance.

Prise de cours, je différais ma réponse pour consulter mon équipe. Je finis par accepter et moins d'une heure après, nous nous rendions mon suppléant et moi à la mairie, comme proposé.

C'était une première pour moi, habituée à la voir dans l'arène du conseil municipal où nos échanges étaient vifs et sans concession.

Georges restait devant la porte, pendant que le maire, dont j'étais la figure d'opposition numéro un, me félicitait de mon score.

Jusque-là, tout va bien. Je l'en remerciais. Elle allait ensuite plus loin.

Moins à l'aise, mais ferme et déterminée, elle voulait savoir ce que je ferais une fois élue, car selon ses mots, il n'y avait pas de doute sur mon élection.

— Mme Chay, je ne vais pas passer par 34 000 chemins, je veux savoir si j'aurai la députée dans mon opposition ou si vous démissionnerez du conseil municipal après votre élection.

Et de continuer :

— Vous le savez, Emmanuelle Anthoine et moi, on n'est pas amies. J'ai voté pour vous au premier tour avec ma famille, et je ferai de même dimanche. Je ne suis pas bête, je préfère vous savoir à Paris que dans mes pattes en 2020.

Un comble. Celle que je combattais de toutes mes forces depuis 2014 avait voté pour moi et s'apprêtait à le faire une seconde fois.

— Je trouve indécente la campagne du PS à votre égard. Ils vous font ce qui m'a été fait avec mon parti lorsque j'étais candidate en 2012. Les partis sont différents, mais ce sont les mêmes méthodes ignobles.

C'est bien vrai ça, maman. Je m'en souviens comme si c'était hier.

Je lui confessais ce secret de polichinelle. Nous avions remis des tracts de Colgate — alors candidate à la députation — à des militantes de sa famille politique lorsqu'elle était elle-même candidate UMP en 2012. La douleur de ces rappels était encore vive. Elle portait dans son discours une double volonté.

Celle affichée de prendre sa revanche contre le parti qui lui avait jadis planté un couteau dans le dos. L'autre, plus difficile à admettre, de se débarrasser de moi, sa principale rivale, pour le prochain rendez-vous de 2020.

Je restais sur mes gardes face à sa déclaration. Je lui demandais néanmoins de rendre publique sa décision pour voir jusqu'où elle irait - après tout, qui ne tente rien n'a rien.

Proposition qu'elle déclinait aussi sec, estimant que cela ferait plus de mal que de bien dans le temps qui restait, mais la consigne était d'ores et déjà donnée dans son cercle proche.

— Vous savez comment ça marche avec moi !

C'est certain, je le savais et précisément je le déplorais bien souvent en conseil municipal.

C'est un scénario auquel je n'aurais jamais cru avant qu'il ne se produise. Je remerciais le maire et repartais aussi vite partager l'information avec mon équipe.

Ce que j'attendais en revanche, c'était le soutien de mes proches, ou plutôt de mes anciens proches.

— Avoue, tu jubiles là ! se réjouissait Jonathan Bard.

Jonathan, maman, c'est Cacahuète. Il a les yeux ronds, il se croit fort, il se pense futé, et il se voit déjà en Cruella d'Enfer d'En Marche ! Drôme. Seulement, voilà ! Il n'a pas inventé l'eau chaude. Ni la subtilité. Ni la nuance. Ni l'orthographe. Ni l'organisation. Ni rien du tout.

C'était le cas, mais je restais méfiante, ces années d'opposition entre nous m'obligeaient à la plus grande vigilance.

Avec mon dream team, on ne boudait pas notre plaisir. Mais j'ai un traître dans le lot. Je ne l'ai pas vu venir. Pourtant, on m'avait mise en garde. Il y avait bien des signes, mais je n'avais pas le temps, dans l'urgence d'une campagne éclair de m'y attarder. Pas une minute à perdre, pensais-je.

Erreur.

J'aurais dû me méfier d'un homme qui dit : « depuis que ma femme t'a vue, elle est jalouse. Et je te l'annonce tout de suite, si elle me quitte, je consomme ! » Toujours se méfier d'un goujat.

Je n'avais pas prévu la perméabilité de mon « nouveau » directeur de campagne face aux attaques. Cacahuète n'avait certes aucune expérience politique, ayant moi-même contribué à sa formation pendant les présidentielles, mais je le pensais déterminé.

Là où il aurait dû prendre de la hauteur et gérer, expérience politique ou pas, il a été le premier à paniquer et à saboter notre stratégie. Volontairement ? Ou par incompétence ? Je ne saurais répondre à cette question.

Il était allé parfois contre ce dont nous avions pourtant convenu unanimement.

Je ne découvrirai que le lendemain du premier tour, au moment du traditionnel café pogne chez Pascalis, que Cacahuète ne croyait pas à mon passage au second tour. Il devait être autour de 7 h du matin et je n'ai pas eu besoin d'un deuxième café pour être bien réveillée.

> *Peut-être avais-je mal entendu ? Ça arrive parfois maman, surtout avec la fatigue. Peut-être n'avais-je pas compris ? Est-ce qu'il avait vraiment dit ce que mes oreilles venaient d'entendre ?*

Oui. Il avait été très clair. De sa propre bouche :

— Je pensais vraiment que c'est Pierre qui passerait. Pour moi, c'était impossible que tu passes.

> *C'est comme si un gars avait tout fait pour entraîner un boxeur, et quand il est à deux doigts de la victoire, il lui susurre à l'oreille qu'il était persuadé qu'il prendrait un KO. Cela n'a pas de sens. Pourquoi même le dire ? Je fais comment pour remonter sur le ring avec une telle déclaration ?*

Cette conversation m'éclairait sur la façon dont certaines choses se sont passées. Surtout celles qui ne se sont pas passées, m'interrogeant sur la sincérité de sa présence à mes côtés.

Je relis cette aventure et les manquements de mon directeur de campagne, initialement directeur exécutif chargé de la mobilisation, à l'aune de cette surprenante déclaration ce lendemain de premier tour. Les choses devenaient plus claires.

Je me refaisais le film des dernières semaines et tout semblait plus net.

Cacahuète avait réussi à me mettre en porte à faux avec l'imprimeur local, certes plus cher que la concurrence, mais que j'avais choisi, car de Romans.

Il avait réussi à ne pas faire partir en temps et en heure les tracts pourtant payés, imprimés, livrés — poste de dépense le plus important de ma campagne — destinés aux quelque 10 000 boîtes aux lettres de la circonscription avec un nouveau distributeur trouvé dans l'urgence grâce au réseau et au talent de négociateur de mon directeur financier.

Il avait accordé une interview à un journaliste local — habitué des ragots à mon sujet et qui me prêtait une compétence que j'ignorais détenir autour des questions arabo-musulmano-ethnique — concernant une polémique à laquelle il donnait de facto de l'importance.

Il renvoyait les personnes de mon entourage que j'avais moi-même mobilisées lorsqu'elles venaient pour participer aux porte-à-porte programmés, mais annulés par lui.

Tout cela en se liant d'inimitié avec l'une des chargées de communication et contre laquelle il avait monté certains marcheurs - se disputant également avec Christian, mon premier directeur de campagne devenu conseiller politique depuis, dans l'unique but de ménager la susceptibilité de ladite Cacahuète.

Désolée maman. Fallait que ça sorte.

Lui, c'était le traître de l'équipe, et en même temps, il y avait l'équipe de traîtres. À ne pas confondre.

J'aurais dû me méfier aussi de certains de ceux que je qualifiais jadis d'amis, et qui, pour récompense, m'ont offert une belle leçon de trahison.

> *Les moments déterminants dans une vie ne sont pas si nombreux, mais lorsqu'ils existent, ils permettent de compter les personnes fiables, les vraies. Et puis les autres.*

En politique, la vigilance est de mise tout le temps.

De la vigilance, mon mandataire financier n'en manquait pas. Bruno Casari, qui fait partie de ces hommes de convictions comme il en manque parfois en politique, m'appelait, inquiet.

Il venait d'avoir un échange avec un commerçant de Valence, par ailleurs élu FN au conseil municipal dont Colgate était le maire. Il m'en rendait compte dans l'urgence :

— Jean Paul vient de me raconter son échange avec une nana de Bourg-de-Péage, je ne sais pas si tu la connais, une certaine Béatrice. Elle est proche de Didier Guillaume. Elle lui a dit que ni elle ni les socialos ne voteraient pour toi, mais bien pour la candidate LR. Pour te faire barrage…

Sidération. Choc. Déni.

Les bras m'en tombaient. Je l'entendais me le dire, mais les mots qu'il employait ne s'imprimaient pas dans mon esprit.

Étaient-ils à ce point lamentables pour qu'ils en arrivent là ? Qu'avaient-ils fait de leur conscience ?

Bruno ne connaissait pas la nature de notre relation avec Martine ni les péripéties qui nous opposaient.

— Appelle immédiatement Guillaume. Mets ça sur la table très vite. C'est scandaleux. Il faut que tu mettes cette affaire au clair avec lui.

Je tenterai de le faire. J'essayais d'avoir Cruella d'Enfer au téléphone à plusieurs reprises, mais en vain. J'ai dû lui laisser un message vocal ou deux, en plus de SMS, auxquels il répondra plus tard par un message, me garantissant que Martine n'aurait jamais pu tenir de tels propos, ni elle ni aucun autre socialiste d'ailleurs.

Il fera avec Colgate, mais sans leur poulain disqualifié au premier tour, une conférence de presse appelant à donner une large majorité au nouveau Président de la République. Sous-entendu, votez pour Latifa Chay. Mais sous-entendu seulement.

Dans le jargon politique, c'est ce que l'on appelle faire le service minimum.

Je comprends aujourd'hui que l'inquiétude de Bruno était fondée, et qu'en off, ils avaient effectivement appelé à voter contre moi. Ils le fanfaronnaient même devant un public qui leur était acquis. Et même au-delà comme les nombreux témoignages me revinrent aux oreilles plus tard.

Adieu les grands discours, les convictions, les valeurs, toussa toussa. Les masques tombaient. Comment n'ont-ils pas eu honte ? Et avec du recul maman, comment ai-je pu en être surprise ?

Un ami, commerçant du coin, m'appellera lui aussi dans l'urgence pour me faire part de la confidence que lui fera l'une de ses clientes, concubine d'un ancien élu.

Son conjoint lui racontait qu'à l'initiative de Tigre de papier, une réunion se serait tenue pour savoir ce que les partis dits de Gauche feraient entre les premier et deuxième tours.

Pour le coup, j'imaginais bien la scène. Tous ces hommes réunis autour de la table, tous en costume cravates bretelles, tous du même âge ou presque, tous avec une égale ancienneté en politique, tous ces mâles-pensants-dominants avaient pris la décision suivante : ils n'appelleront pas à voter pour moi.

Car je devais disparaître de la scène politique, expliquait la cliente à mon ami. Ce sac de nombrils n'avait pas mis longtemps à se mettre d'accord. C'en était presque émouvant tant cette entente parfaite entre tous ces messieurs était inédite.

Du jamais vu dans le coin !

Dire que tous les hommes politiques sont des pourris est une outrance à notre démocratie, mais là, j'étais bien tentée de le penser.

Étais-je à ce point une menace à leurs petits pouvoirs pour qu'ils soient enfin capables, et pour la première fois depuis que la Drôme est Drôme, être unanimement d'accord pour faire perdre unE candidatE ? La médiocrité de leur agissement est révélatrice de leur souci de sécurité. Rien d'autre.

J'ai dû me pincer le nez maman pour te raconter cet épisode, car il pue la politique à l'ancienne.

S'ils avaient mis une pareille énergie envers les candidats du FN, ces deux lettres ne seraient que de l'histoire ancienne dans notre territoire qui bat pourtant des records de votes en faveur du parti des Le Pen. Quel piètre spectacle auquel ils s'adonnaient !

Tu sais ce qui est drôle maman ? C'est que la plupart des personnes qui me critiquaient, car j'avais quitté le PS et rejoint En Marche ! alors que nous étions si peu nombreux à le faire au début, ont depuis suivi ce même chemin... Celui que j'avais emprunté par conviction, mais qu'ils empruntaient par stratégie politicienne. Là-dessus, ils ne sont pas mauvais.

Je dois bien leur reconnaître cette habileté-là. Celle de retomber là où le pouvoir est, sachant toujours trouver une place qui servira leurs ambitions personnelles, en bons opportunistes qu'ils sont, même si, leur renonciation à François Hollande en faveur d'un Manuel Vals a été leur premier gros échec, suivi de l'échec cuisant de leur candidat.

Ils n'ont rien compris. Ce n'est pas cela la politique. Aucun mur érigé ne construit une nation, un destin, un avenir. Nos gestes, nos mots, nos silences sont des actes. Et notre responsabilité est grande.

Le climat permanent d'intimidation à mon égard, les multiples tentatives d'ouverture de la porte de mon domicile dans la nuit, le saccage de ma boîte aux lettres, les actes de vandalisme sur mon véhicule, les menaces de mort, des appels au viol, les injures misogynes, racistes et islamophobes d'une rare violence et dont chaque plainte déposée sera aussitôt classée sans suite, en plus des nombreuses trahisons, à tout cela, j'ai fait face. Et avec le sourire.

« L'impudente Olympe de Gouges qui abandonna tous les soins du ménage, voulut politiquer[12] ». Que ne lui avaient pas coûté son intelligence d'esprit et sa liberté d'expression ! Tant de femmes déjà au XVIIIe siècle avaient tenté de percer le fameux plafond de verre de la politique. Ah ! La belle Olympe, bien avant Marianne. La femme a le droit de monter à l'échafaud ; elle doit avoir également celui de monter à la tribune, lançait-elle à une époque où son audace lui vaudra la guillotine.

Je pourrais te parler de tout cela encore pour tenter de te faire toucher du doigt cette réalité. J'aurais pu. Mais je m'arrête là, maman.

Comme s'est arrêtée pour moi l'aventure des législatives.

---

12. Pierre-Gaspard Chaumette (1763-1794)

CITOYENNE

À l'issue de ce second tour, je ne suis pas élue.

Maman, je ne suis pas députée.

Le soir de ma défaite aux élections législatives, je ne comprenais pas la phrase prononcée par Christian :

— Il n'y a pas que la victoire des urnes. Tu as gagné tellement plus.

Il avait le recul dont je manquais ce soir-là pour comprendre tout ce chemin parcouru. Même en étant une femme, une enfant de prolos, une jeune, une Arabe, une musulmane, on peut aller si loin. La victoire n'est pas celle à laquelle on pense.

Ma nièce Youmna, cinq ans, ce soir de deuxième tour, me sautait dans les bras, fière de m'offrir son dessin célébrant ma victoire, en scandant :

— Bravo tatie, tu as gagné !

Elle avait raison. Oui, j'avais gagné. La victoire d'être partie de si loin, pour en arriver là. J'avais gagné tellement plus qu'une élection. J'avais gagné le fait d'être restée moi, complètement et en toute circonstance. J'avais gagné d'avoir pu exprimer une vision, un programme, une façon de faire de la politique. J'avais gagné par la proximité et les liens que nous avions créés.

Je suis restée fidèle à mes valeurs, sans jamais travestir ma nature. J'ai vécu dans le creux de mon ventre la nécessité de changement. Dans l'arène, j'ai livré les combats que je jugeais juste.

Mon ultime prise de parole devant toutes ces personnes venues nombreuses et qui m'avaient soutenue sans relâche depuis le début, je l'ai faite en pensant à toi. Épuisée par la bataille que je venais de mener, une pointe de déception dans le cœur, je ne pouvais trouver de force que dans le souvenir de toi.

J'ai parlé, avec cœur et la gorge serrée. Mon père, qui était de tous les rendez-vous, de tous les tractages, de tous les meetings, ému aux larmes, me regardait fièrement. C'était sa victoire à lui aussi. À ma mère, présente sans être là. À toute une famille, la nôtre. Si j'en étais arrivée là, c'est par la volonté et les sacrifices qu'ils ont faits pour m'élever au-dessus de l'impossible.

Quelle aventure ! Et elle n'était pas terminée. Tout cela n'était en réalité que le début de quelque chose que je n'aurais pu imaginer.

— Bonjour Madame Chay, je voulais vous remercier, du fond du cœur. Merci pour tout ce que vous nous avez apporté, et surtout merci d'être un exemple pour nos enfants. Voici ma fille. Agathe, elle a neuf ans. Je voulais qu'elle vous rencontre, car vous êtes une femme forte, courageuse et digne comme on n'en rencontre rarement. Vous êtes un exemple pour elle. Elle se souviendra de vous pour avancer dans sa vie.

La vraie victoire, c'était celle-là.

Mon triomphe dépassait de loin tout ce que je pouvais imaginer à mes débuts. Il se construisait autour de ces personnes à qui j'avais donné l'envie de s'engager, que j'avais accompagnées pour s'inscrire sur les listes électorales, qui se sentaient désormais citoyennes de leur pays, à qui j'avais transmis le plaisir, la conscience et la nécessité de participer à la vie collective.

J'avais gagné en donnant envie à ceux qui ne s'étaient jamais sentis considérés, ni même concernés par la politique, de l'être désormais.

J'avais gagné d'avoir rendu visibles ceux qui ne le sont pas.

J'avais gagné d'être le modèle de cette enfant de neuf ans qui voyait dans mon parcours que tout lui était possible.

J'avais déjà gagné tant de fois pour arriver là où les statistiques de la sociologie ne me comptaient pas.

J'étais heureuse d'avoir choisi cette voie. Car c'est cela la politique : œuvrer ensemble. Les uns avec les autres. Les uns pour les autres.

Je me rappelle sans cesse cette phrase de Molière : « Plus grand est l'obstacle, plus grande est la gloire de le surmonter ».

Il y a peu, je rencontrais un avocat du coin, curieux de faire ma connaissance au détour d'échanges d'ordre professionnel. Sa curiosité trahissait ses yeux.

— Il faut être complètement dingue pour une beurette de se présenter dans une circonscription où il y a soixante et onze communes, dont soixante-dix sont rurales !

Le rappel de la phrase de Molière fit jaillir en moi quelques questions. Ne doit-on mener que les combats qui sont gagnés d'avance ? Ou doit-on mener les combats qui sont nécessaires ?

Où vous voulez qu'il y ait lieu de désespérer ? (…) Le présent vous est fourni et c'est à vous d'en forger l'avenir, disait Antoine de Saint-Exupéry.

Les épreuves comme les obstacles dont j'avais peur parfois n'étaient en fait que les marchepieds pour aller un peu plus haut, un peu plus vite. Ils sont une chance. Car ils permettent de dépasser ce qui paraît impossible.

Enfant d'immigrés, avec un père ouvrier et une mère analphabète, je n'aurais pas dû aller si loin si l'on en croit les statistiques. Mon parcours était tracé à l'avance. Comme une fatalité. Surtout en politique, avec mes origines, ma classe sociale, le parcours de mes parents, je n'étais pas à ma place. Pourtant, j'en ai été toutes années durant.

Je n'en veux pas à ceux qui qualifient mon parcours d'improbable. Ils ne connaissent pas la merveilleuse famille Chay. Celle qui comme tant d'autres en réalité, refuse qu'on la cantonne dans une identité figée, déterminée à l'avance.

Je n'aime pas les chiffres, mais j'aime bien ce que les suivants racontent. Huit enfants, diplômés et avec des emplois et carrières stables. Huit destins, ceux de citoyens impliqués dans notre pays. Huit fruits d'un arbre unique que mes deux parents ont élevés et qui sont une partie de la République, une et indivisible.

Un beau mektoub.

Au diable le déterminisme social. Notre détermination est plus forte.

Quand je regarde cette parenthèse politique à laquelle je pensais avoir donné mes plus belles années — douze ans de vie publique de mes vingt-trois à mes trente-cinq ans — j'en suis fière.

Quelle drôle de voie que celle de la politique, te dis-tu peut-être, maman ?

Le voyage que j'avais entrepris de faire en la choisissant m'aura réservé bien des surprises. Une aventure entre é(maux)-tions et des espoirs[13], bien plus importante que la destination à laquelle j'imaginais arriver. Une claque d'humanité. Et d'enseignements précieux.

« Faire de la politique relève du martyr et s'apparente à un travail "martyal" (traduction littérale de "martyriale") parce qu'il faut porter quotidiennement cet idéal de construction du bien commun. Et également porter la croix de tant d'échecs et de tant de péchés. Parce qu'il est difficile de faire le bien au milieu de la société sans se salir un peu les mains ou le cœur.

13. Slam de l'auteure dans l'avant-propos.

Mais il faut demander pardon pour cela, demander pardon et continuer [à faire le bien]. Et ne pas se décourager. »

Ces mots porteurs de sagesse maman, ils sont ceux du Pape François Ier.

Ne jamais se décourager. Et se rappeler la noblesse de la politique quand elle défend des causes justes et qu'elle remplit son rôle : changer le monde.

C'est ce à quoi j'ai voulu participer maman. Car si bien des jours l'envie de tout plaquer me prenait à la gorge, précisément pour les mêmes raisons, je restais plus déterminée encore à ce que les choses changent. Agir pour un monde meilleur, en apportant ma pierre à l'immense édifice d'une société plus juste, plus solidaire, plus fraternelle.

« Tout ce que tu peux faire ou rêver de faire, tu peux l'entreprendre.

L'audace renferme en soi génie, pouvoir et magie.

Débute maintenant », dit Goethe.

Débuter là où on est, utiliser ce que l'on a, et faire ce que l'on peut.

Un jour, moi aussi j'ai débuté alors que rien ne me prédisposait à la politique. Mon histoire a conditionné mon engagement. Si c'est d'abord la colère contre l'injustice qui m'a jetée dans l'arène politique, c'est pour la Justice que mon âme de militante chevronnée s'anime.

J'ai puisé chaque jour dans les blessures de mon enfance. Dans cette douleur profonde devenue force, et plus encore dans l'amour des miens, j'ai trouvé le courage qu'il fallait pour continuer et avancer.

« Vous êtes une femme que l'on admire ou que l'on déteste », me lançait une journaliste de France 3, lors de la campagne des législatives. Elle n'avait pas tort.

Femme de conviction, je jouis des privilèges de l'exagération, tant d'un côté que de l'autre.

Bien moins que cela, à mi-chemin entre ces deux extrêmes que l'on m'a prêtés parfois, je suis une réalité bien plus complexe que les apparences.

Je prendrai volontiers pour moi la phrase de Georges Perec : « tout portrait se situe au confluent d'un rêve et d'une réalité ».

Femme de 35 ans, consultante indépendante, militante associative et politique, humaniste engagée, je suis constamment guidée dans mes actes et dans mes choix par le rêve d'une société plus juste, inclusive, riche de sa diversité, dans laquelle chacun puisse trouver sa place, ou s'il n'en a pas, l'inventer. Et je suis également une femme pragmatique, intimement convaincue que les solutions aux multiples défis et problèmes, c'est ensemble que nous pouvons les trouver. Ensemble.

Fidèle à moi-même en toute circonstance, j'ai fait de mes singularités le ciment de mon homogénéité. Dans notre monde à clivages et à oppositions, je suis un tout qui dérange parfois. Même quand je ne fais que ma part.

Maman, le colibri, tu connais son histoire, n'est-ce pas ?

Un jour, dit la légende, il y eut un immense incendie de forêt. Tous les animaux terrifiés et atterrés observaient, impuissants, le désastre. Seul le petit colibri s'active, allant chercher quelques gouttes d'eau dans son bec pour les jeter sur le feu. Au bout d'un moment, le tatou, agacé par ses agissements dérisoires, lui dit : « Colibri : tu n'es pas fou ? Tu crois que tu vas éteindre le feu ? Je le sais, répond le colibri, mais je fais ma part. »

C'est ce que tu m'aurais dit maman :

— Fais ta part, si le cœur t'en dit. Et n'oublie pas benti, il y aura toujours une femme pour aider une autre femme.

Ce monde meilleur, j'y crois profondément. Pour aujourd'hui et pour demain. Pour nos enfants. Pour les accompagner, car notre responsabilité à leur égard est immense.

Forts de nos différences de couleurs sociales, de cultures, de croyances ou de religions, posons-nous la seule question qui en vaille la peine : comment pouvons-nous vivre, faire et construire ensemble ?

Nous avons tant et tant à partager.

Loin d'être une parfaite féministe ou militante des droits de l'Homme, j'ai comme tout un chacun mon lot de contradictions et de faiblesses. Pour autant, je poursuis le combat en faveur de l'Égalité. Je continuerai à œuvrer chaque fois que je le pourrai et dans la limite de mes modestes moyens, pour un monde plus juste et plus équitable.

Je continuerai même si j'ignore la forme que mon engagement prendra demain. Qu'importe finalement, car l'essentiel réside dans la capacité à rester dans une dynamique collective. Ensemble.

L'important, c'est de semer un peu, beaucoup, sans cesse, les graines de l'espoir.

Des changements sont à faire. Nous les ferons si nous savons nous rappeler que nous sommes la France.

Passer d'une communauté de hasard à une communauté de destin, c'est bien de cela qu'il est question aujourd'hui. Démontrer collectivement notre capacité, ce dont je ne saurais douter, mais aussi notre aspiration profonde à désormais inscrire notre trajectoire collective dans une perspective sociale, économique, environnementale, durable et soutenable.

Nous avons une opportunité sans précédent de ré enchanter la destinée de notre pays, de lui redonner un élan conquérant, une dynamique fédératrice dans lesquels, chacun d'entre nous, riche de ses différences, viendra abonder en faveur de notre destinée.

Femmes et hommes d'horizons politiques et culturels différents, nourrissons-nous de cette diversité, que seuls des esprits peu éclairés ne peuvent percevoir.

Le temps des clivages est révolu, la guerre des ego dépassée… Nous sommes las des querelles intestines. Nous ne pourrons réussir les uns sans les autres et encore moins les uns contre les autres.

Capitalisons sur ce qui nous ressemble, mobilisons nos forces, notre énergie à construire cet avenir radieux dont la vision nous échappe depuis trop longtemps.

Décidons d'écrire nous-mêmes notre histoire, acceptons cette longue marche, parfois maladroite, chancelante, mais porteuse de tant d'espoir. Tombons, encore et encore, et relevons-nous, encore et encore.

Cette histoire, si vous n'en écrivez qu'un mot, est d'ores et déjà votre victoire.

Là où beaucoup me disaient « pas toi », j'entendais « bats-toi ». Quand ils me répétaient « pas toi », j'entendais « lâche-pas ».

En m'engageant avec et pour les autres, je me battais pour qui j'étais. Pour nous.

La politique, au sens noble du terme, c'est ce qui permet de construire aujourd'hui et demain, les uns avec les autres, les uns pour les autres.

> *« Vous n'avez pas envie d'y croire, d'essayer ? Moi oui. Avec vous. Pour vous. » Je l'ai répété encore et encore lors de mon dernier meeting, maman.*

Cette parenthèse politique, à travers ces multiples visages et ses destins, les sourires nombreux, ces chaudes larmes parfois aussi, dans la joie, l'humilité et avec responsabilité, m'a permis d'entrevoir l'espoir que la fraternité est à notre portée.

L'engagement peut prendre de multiples expressions. Il se personnalise, s'individualise, s'atomise. Que l'on entre dans l'engagement par la porte de la vocation ou par celle de la motivation, l'engagement n'en demeure pas moins l'expression la plus haute de notre liberté.

Passée l'audace du premier pas, l'engagement ouvre une brèche dans la clôture des possibles. Il suppose une forte implication de soi pour ce qui l'entoure. Et c'est précisément dans cet intervalle qu'il trouve toute sa puissance, toute sa force, tout son sens.

C'est à portée de chacun d'entre nous. Alors, plus d'excuses. Si je pouvais m'adresser au plus grand nombre, je crierais haut et fort :

— Citoyennetez-vous !

Toute cette période où je n'ai pu me confier à ma mère, je la rattrape d'une certaine façon à travers ces quelques lignes. Aussi, suis-je soulagée. Mais, je dois bien l'avouer, je ne le suis point complètement. Et si finalement ce dont je voulais lui parler, c'était d'autre chose ?

Maman chérie, je suis heureuse, car j'ai partagé tout ceci avec toi. Ce voyage singulier que j'avais entrepris de faire prend une dimension tout autre, car maintenant, tu sais. Mais, maman mon amour, j'ai beau te l'avoir raconté, j'aurais aimé plus qu'un million de mes mots, une seule de tes paroles.

Les souvenirs que je partage ici avec ma mère remplacent-ils sa présence ? Non. Car la présence d'un être aimé, c'est l'inattendu d'une relation, c'est la chaleur d'un regard, c'est la tendresse d'un baiser ou de deux, c'est une caresse ou une étreinte qui ne finit pas, c'est une voix irremplaçable et rassurante, c'est discuter, c'est partager, c'est vivre. Une présence, c'est être ensemble et inventer demain. Car Je est cet autre[14]. Les souvenirs ne remplacent pas tout cela. Même ceux que l'on convoque avec amour et avec tendresse. Ils ne comblent pas le besoin d'avoir l'autre avec soi. Comme ce soir de défaite aux élections, j'aurais voulu qu'elle soit là.

Si j'étais une scène de film, ça se passerait comme ça maman.

Je quitte mon QG de campagne après avoir parlé, encore et encore, avec ces personnes venues nombreuses. Épuisée, je n'ai plus le temps de poursuivre les échanges davantage. Ni de comprendre le pourquoi, le comment.

— Je dois partir.

Pressée de rentrer, même si j'ai mille choses à voir pour le lendemain, me voilà en quelques minutes à peine devant la maison familiale, accompagnée des miens.

14. Allusion à la phrase d'Arthur Rimbaud

Un tic revient. J'arrache une feuille de l'olivier que je froisse entre mes doigts.

Je me débarrasse de mon sac dans l'entrée, je troque mes escarpins de dix contre des crocs, je surélève mes cheveux au-dessus de ma tête, et sans perdre une minute, je monte à l'étage pour me changer. Me voilà à l'aise dans une *gandora*[15] dernière tendance achetée par mon père dans les souks de Meknès.

> *J'aurais été prête pour dispenser les gestes de soins dont tu as besoin maman. Mais là, il est tard et tu dors profondément depuis un moment déjà.*

En dehors de cette journée d'élection, je serais arrivée plus tôt, avant le passage de l'infirmière du soir. Comme toujours, j'aurais regardé ma mère. Affectueusement, comme toujours. Puis, j'aurais scruté minutieusement les traits doux de son joli visage.

Est-elle crispée ? Est-elle reposée ? Est-elle douloureuse ? Est-ce que tout s'est bien passé aujourd'hui ? Telles sont les questions quotidiennes, et toutes les autres encore, qui parviennent à mon esprit lorsque mes yeux sur ma mère se posent.

— *Hbiba diali, labesse 3lik ?** (Ma chérie, est-ce tu vas bien ?)

---

15. Robe de jour

Je ne lui parle plus qu'en Arabe, maintenant. Je l'embrasse généreusement comme je le fais depuis ma plus tendre enfance. Parce qu'il y a des habitudes qui ne changent pas.

Son cahier de suivi entre mes mains, je parcours son contenu pour m'imprégner du déroulé de sa journée.

Si nous n'étions pas ce soir d'élection, avant que l'infirmière ne vienne, j'aurais préparé le matériel de toilette. Presque comme dans un rituel, je l'aurais disposé sur la desserte, et j'aurais choisi une jolie et confortable tenue pour qu'elle passe une bonne nuit.

Ma deuxième journée aurait pu commencer maman.

Loin du tumulte et de l'agitation de cette journée pas comme les autres, je la regarde. Encore. Je voudrais l'entendre. Plus que tout. Que me dirait-elle si, là, maintenant, elle et moi, nous pouvions parler comme nous le faisions avant ? Qu'arriverais-je à lui exprimer ? Et elle ? Que me dirait-elle, ma grande confidente ? Je ferme alors les yeux et la rejoins là où j'imagine qu'elle se trouve. Je l'entends. Sans mot prononcer, je devine sa radieuse voix faire ce rappel qui me plaît tant et qui est devenu une maxime familiale :

— Dieu n'impose à chaque être que ce qu'il est capable de surmonter.

N'est-ce pas que c'est par cette phrase que tu aurais commencé ton propos ? Sitôt que tes lèvres en prononçaient les mots, je devenais capable de surmonter l'insurmontable. J'aime m'en souvenir. Mais maman, toi aussi s'il te plaît rappelle-toi de ce que je m'apprête à te dire, d'accord ? Tous les jours que je t'ai conté, tu m'as manquée maman, comme la lune manquerait aux étoiles. J'aurais aimé vivre pleinement ces dernières années avec toi. Car tu le sais, rien ne m'arrive vraiment tant que nous ne l'avons pas partagé. Tu gardais chaque tract quand tu le pouvais encore. Toutes ces photos et ces coupures d'articles, tu les as soigneusement rangées dans ton sac à main vert, celui que je voudrais te piquer maman. Mais je n'ose pas. Tu me le prêtes, dis ?

Je sais surmonter une défaite. Oui. Mais comment surmonter la maladie de sa mère ? Plus difficile à regarder. Plus difficile à aborder. Plus difficile à accepter. Est-ce seulement possible ?

L'essentiel de ce que j'ai à te raconter n'est finalement pas dans le récit de mon voyage, si grande fut mon impatience à tout te dire. Ce que j'ai à te raconter est ailleurs. Et cet ailleurs, c'est toi.

Et si je venais, en lui parlant ainsi, de comprendre que je voulais lui parler encore, mais d'autres sujets ? Et si j'osais, plus que raconter le parcours d'une femme, lui parler avec mon regard de fille ? Et si je parlais, plutôt que de mes aventures, de celles de ma mère, cette femme simple et authentique, à qui le sourire d'un enfant suffit à rendre heureuse ?

CHAPITRE 3
Maman

UNE NUIT

Cette nuit de novembre me revient à l'esprit comme le souvenir lancinant d'une sorgue qui refuse de finir.

> *Je quitte papa et m'avance sans bruit faire dans ta chambre. Silencieuse, je me tiens debout devant toi. Je voudrais t'embrasser tendrement sur la joue et t'étreindre comme toute ma vie je l'ai fait, mais je me retiens. Je ne dérange pas les soignants qui te font glisser délicatement, avec des gestes précis et francs sur le brancard qui t'emmènera aux urgences de l'hôpital.*

La phrase de mon père me percute.

— *Kouni mra benti !** Sois une femme ma fille !

Elle me permet, sur l'instant, de me ressaisir. Et d'une certaine façon, elle me met en demeure d'être à la hauteur de ce qui pourrait être une nouvelle épreuve. J'interdis désormais à mes jambes de trembler.

Je ne vais pas laisser cette maladie me dicter ma conduite si elle décidait de te prendre à nous. Je suis forte, pour toi maman.

Je fais un bref tour d'horizon. Tout le monde est au courant. Il ne manque que l'un de mes frères. Ma mère aurait voulu qu'il soit présent. Sans réfléchir, je téléphone à Farid. Il doit être plus de deux heures du matin quand mon appel le surprend.

— Maman va mal. Rejoins-nous aux urgences. Nous, on y va tous maintenant.

Nous suivons le camion de pompiers dans la nuit froide, sombre et obscure.

Je prie. J'implore le Seigneur, dans Sa Grâce, dans Sa Connaissance de toutes choses, Lui qui a choisi cette femme pour qu'elle soit ma mère, je l'implore pour qu'Il lui prête vie un instant encore.

— Seigneur, un instant encore.

Hayate et Zoubida organisent la garde des plus petits. Nous sommes tous aux urgences, même Chaymaa et Iman, les plus grandes de mes nièces, car pour nous, c'est sans doute la dernière nuit.

À l'hôpital, ils nous connaissent, la famille Chay, à force de nous voir débarquer ensemble chaque fois que ma mère ou Dadine va mal.

Ce n'était en effet pas la première fois que nous nous y rendions tous. Mais était-ce la dernière ?

J'ai mon petit Coran dans les mains, celui que j'ai toujours dans mon sac. Je caresse le cuir brun de sa couverture. Je n'ai plus que Lui. Je me raccroche à la parole du Créateur. Et je Lui parle avec les mots du cœur, en silence, en sanglotant.

— Seigneur, Tu es Amour, alors par amour, laisse-moi maman. Encore un peu, vraiment. J'ai tant à vivre avec elle, Tu le sais. Tu sais tout. Par quelle prière dois-je t'invoquer Seigneur ? Pour la garder un peu. Et si c'est Ta décision, de la prendre avec Toi ce soir, alors aide-moi à l'accepter. Si Tu la prends dans Ta demeure, fais alors couler de Ton ciel sur mon cœur écorché Ta Miséricorde et la paix. Mais s'il Te plaît, Seigneur, s'il Te plaît, laisse-la-moi. Encore un peu.

Je suis interrompue dans ma prière lorsque l'équipe médicale arrive. Ils ont fait vite, car l'état de santé de ma mère est préoccupant. Ils nous demandent un débrief.

> *Nous sommes tous autour de toi maman. Ton mari, tes enfants et les plus grands de tes petits enfants. Nos larmes nous escortent, et le courage aussi.*

C'est Salima qui commence, car ce soir-là, c'était son tour de nuit. Elle décrit scrupuleusement l'épisode qui la réveilla d'un coup.

Driss et moi complétons sa description des éléments identifiés du jour et de la semaine qui nous paraissent importants pour le diagnostic. Il a pensé à prendre le dossier médical de notre mère. Il leur remet. Driss, c'est numéro cinq, et moi c'est numéro six. Il est mon faux jumeau et mon vrai complice.

Maman, est-ce que tu te souviens cette fois où tu as dû me consoler ? Haute comme trois figues, je pleurais à chaudes larmes.

Avec Driss, on était inséparables. Je l'aimais tellement que je voulais me marier avec lui, mon partenaire de nos malices d'enfants. Le mariage, je ne savais pas ce que cela signifiait. J'entendais juste ma mère dire « c'est pour la vie ». Alors, si c'est pour la vie, je veux me marier avec Driss.

Tu as d'abord rigolé, affectueusement, car tu voyais bien que je n'avais pas compris le sens de ce mot nouveau.

— Driss khouk, ou lkhout ma tey djwajouch. Driss est ton frère, et les frères ne se marient pas entre eux.*

À peine avait-elle prononcé ce début d'explication que je commençais à pleurer comme si on m'annonçait la fin des sucreries. Je ne voulais pas être séparée de mon meilleur ami de frère. Je voulais rester avec lui pour la vie. Je me souviens que ma mère m'a prise sur ses genoux et qu'elle m'a recouverte de ses tendres baisers. Dans ses bras, elle calmera mes grosses larmes de petite fille.

— *Mat bkiche benti !** Ne pleure pas ma fille !

On ne se marie pas avec son frère ou sa sœur, m'expliqua-t-elle, car les liens du sang vivent à travers nous pour l'éternité. Nous étions déjà unis pour la vie. J'étais contente comme jamais. Je n'allais pas être séparée de Driss. Celui avec qui je faisais toutes mes bêtises de mômes.

C'est d'ailleurs lui qui me les a toutes apprises, maman !

Je faisais tout comme lui. Je faisais tout comme mon grand frère. Un modèle à qui je peux dire aujourd'hui combien je l'aime parce que dans la famille, on ne verbalise pas tellement ces choses-là.

Si je l'aime tant, c'est parce que Driss, qui certes m'a appris à faire des bêtises, est aussi celui qui m'a appris à rêver. Toutes les récréations, on jouait ensemble. Il y avait la grande cage écureuil, à ceux à qui cela parle. Couleur ocre, elle régnait en pleine cour. Cette espèce de portique dans lequel on jouait dans les années 90 devenait notre vaisseau spatial.

C'était vrai, maman, je t'assure.

C'est Driss qui enclenchait la transformation de ce tas de ferraille en un engin du futur. Aussitôt que je voyais notre vaisseau, je me transformais comme Driss en spationaute intergalactique de l'univers céleste. Il était aux commandes et j'étais sa copilote. Je devais m'assurer que tout se passe comme prévu avant de traverser les étoiles. Me revenait également la lourde responsabilité de choisir qui de nos copains de classe pouvaient accéder à notre vaisseau. Victime de son succès, il n'y avait pas assez de place pour tout le monde.

La gestion des effectifs, ce n'est pas simple, même à la récré maman.

Les effets spéciaux de Driss à base de « fffffch, boum, grrrrrrr, hiiiiii », c'était du génie. Pas besoin de Spielberg ! On avait notre imagination. Celle qui devait nous permettre d'alunir en criant « on arrive la lune ! ».

— Mais, pourquoi on n'est pas sur la luuuneee ?

— Tu verras, on y arrivera à la prochaine récré, me répondait Driss, sûr d'y arriver.

Comme il avait visé la lune, enfant, il a atterri dans les étoiles. Aujourd'hui brillant informaticien, il est aussi pilote. Et son dernier vol, c'était au-dessus de Venise. Pas mal de croire en ses rêves, non ?

Je vagabonde dans mes heureuses pensées. Mais je suis rattrapée par l'instant présent. Je reprends mes esprits quand j'entends que l'on parle de toi.

— On s'occupe de votre mère, nous lance alors l'équipe soignante au sujet de ma mère.

C'est à ce moment précis que Salima sort de son conditionnement mental. Elle quitte le « mode robot », celui qui nous permet d'exécuter les tâches automatiquement. Sans réfléchir, sans flancher.

Elle revient parmi nous.

Elle a géré d'une main de maître toute cette séquence douloureuse sans sourciller, comme gainée face au mur qu'elle venait pourtant de prendre en pleine face, comme nous tous.

Elle lâche prise d'un coup. À vif. Ses émotions explosent à leur tour, telle une cocotte-minute sous pression silencieuse.

Si la joie emplit le corps de bonheur infini, la peine vous vide. Les jambes sont lourdes, la tête tourne au ralenti, le corps est faible. L'esprit lourd. Et tout semble anormal, même le sol que l'on foule. Les larmes noient votre visage, et la gorge est nouée par les sanglots.

Des sanglots lents. Des sanglots lourds. Mais des sanglots silencieux.

C'est là que notre fratrie est une merveilleuse chance. Car nous sommes tous là autour de notre petite dernière, celle dont nous sommes reconnaissants, celle qui nous a alertés, celle qui a dû agir et sans paniquer. Grande expression de sa solidité malgré ses 1,56 mètre les bras levés sur un tabouret. À notre tour de prendre le relais et de lui apporter un peu de notre amour.

Lorsque l'un de nous faiblit, les sept autres sont là pour apporter leur réconfort et permettre à celui qui sombre de se relever. On y est tous passés, et on y passera encore.

Salima me touche plus que tous mes autres frères et sœurs. Parce que c'est elle qui a le moins vécu avec ma mère avant sa maladie.

Elle avait quinze ans lorsque le diagnostic de notre mère est tombé, si jeune, et déjà aidante familiale, avec tout ce que les gens qui ne le sont pas ne peuvent imaginer.

Brillante, en plus d'avoir un visage d'ange, elle sort major de promo de son double cursus universitaire. Et même si elle a trimé dans sa branche en envoyant des centaines de candidatures spontanées — toutes vaines — elle est aujourd'hui une femme incroyable et accomplie. Toujours une drôlerie ou une punchline piquante à souhait. J'ai beau la fréquenter depuis vingt-huit ans, elle me surprend toujours. Elle me fascine, même.

Salima, c'est notre rayon de soleil.

À tous les repas de famille, nous attendons avec une grande impatience que l'artiste fasse son numéro. Celui où elle mêle ses talents de communicante avec ses anecdotes de prof d'anglais qui se bat ardemment et au quotidien pour faire réussir ses élèves. Elle a sa mission chevillée à son sourire généreux. Elle nous régale, et d'elle je savoure chaque instant. Je ne sais pas pourquoi elle n'a pas encore fait son *one woman show*. Qu'elle fasse sa pasquinade ! Haroun n'aura qu'à bien se tenir, car c'est un sacré numéro notre petite dernière !

Par contre, ce dont les gens ne se doutent pas, c'est qu'elle est une vraie terreur quand elle le décide. D'où l'un de ses nombreux surnoms : Kim Jong Un. Je t'assure maman, elle en a les attributs quand on la cherche.

J'aimerais lui dire combien je l'aime, mais les mots ne suffisent même plus.

Pardonne-moi maman pour ce que je vais te dire. Mais si je le pouvais, et même si tu me manques déjà tellement, je changerais mon rang de naissance pour que Salima puisse profiter un peu plus de toi.

UNE ŒUVRE

Mon père et ma mère sont à eux deux l'unique peintre d'un tableau sublime. Il raconte une famille, il montre un destin, il laisse deviner la détermination, il transpire l'espoir, il dévoile les forces d'un chemin pourtant sinueux. Savant mélange de traits de tant de visages, entre jeux d'ombres et de lumières, leur œuvre est belle. Elle est, à leur image, puissante. Ils ont créé, à deux en unique peintre, une grande œuvre, celle de l'Amour.

Vous nous avez appris ça papa et toi.

Nous aimer.

Rester unis, solidaires et bienveillants les uns envers les autres. Et l'être toujours en toute circonstance. « Même si ton frère, c'est le dernier des hommes, il restera ton frère. Même si ta sœur, c'est la dernière des femmes, elle restera ta sœur. Vous devez être là les uns pour les autres, car une famille, c'est comme ça. Un jour tu as besoin d'eux, un jour ce sont eux qui ont besoin de toi. N'oubliez jamais que nous sommes un arbre. Même si un jour nous ne sommes plus là, c'est vous qui devrez faire vivre ces liens. » Ce sont tes mots maman. Et ceux de papa aussi.

C'est notre plus bel héritage. Le plus beau cadeau que vous nous avez offert.

Nous aimer, c'est l'œuvre de mes parents. Mon existence entière, j'ai grandi dans l'amour des miens. Je mesure ma chance. Car c'est indéniablement la plus belle façon d'aborder la vie qui par moment peut paraître cruelle.

Tu vois maman, c'est ce qui m'a permis d'avancer même quand c'était difficile. Tant qu'il y a de l'amour, il y a de l'espoir.

Même si on s'aime à l'infini dans notre famille, on se le dit peu, ou prou. « Je t'aime », c'est une expression apprise à la télévision. Dans les séries comme Les Feux de l'Amour, La Petite Maison dans la Prairie, ou dans Beverly Hills à Hartley Cœur à vif en passant par Friends. Tout le monde se disait des « je t'aime » à tout va.

Je m'en amuse en y repensant. On avait beau les regarder, on ne savait pas comment ni quand la placer. C'était la « hchouma » de se le dire. On préférait se le montrer.

On arrive plus facilement à se le glisser entre nanas Chay, mais avec les grands frères, c'est moins évident. Driss, j'ai dû attendre mes trente-cinq ans pour le lui exprimer à travers ce récit. Farid ne l'accepterait pas. Quant à Hakim, je ne lui ai dit qu'une seule fois en toute une vie.

C'est largement insuffisant. Je sais maman.

Hakim a godillé avant de trouver un job à la hauteur de ses compétences. Diplômé, il a longtemps attendu un entretien d'embauche. Pourtant, il dispose d'un double cursus universitaire, dont un seul aurait suffi à n'importe quel enfant de la République pour jouir d'une belle carrière. Seulement, voilà. Mon frère s'appelle Hakim.

Les curriculum vitae avec des prénoms à consonance maghrébine — comme diraient ceux qui prennent faussement des pincettes pour ne pas dire prénoms de bougnoules et qui réduisent les talents aux gueules de métèques à une sonorité ou à un quartier — passent souvent à la poubelle. Sans même avoir été étudiés. La discrimination est un fléau, une galère en plus, notamment dans ces coins de la France où les tours empêchent de percevoir l'horizon.

Il a travaillé deux fois, cent fois, mille fois plus que tout le monde à l'école — souvent le premier — à l'usine — ouvrier avec un master — tout le temps. Il ne s'est jamais plaint. Si le prix Nobel de la patience existait, il en serait lauréat. Sa persévérance et son abnégation ont fini par payer. Aujourd'hui consultant système informatique, il a deux magnifiques enfants et une épouse que j'aime comme mes sœurs.

L'École ne réduit pas les inégalités. Elle les regarde, faute de moyens et de volonté, s'installer sur les bancs de notre société. L'École ne réduit pas les inégalités. Elle les reproduit.

C'est grâce à une expérimentation qu'il a pu être embauché au regard de ses compétences et non de son prénom. Grâce aux curriculum vitae anonymes.

> *Tu te souviens maman de ce journal de vingt heures sur TF1 ? Celui qui consacrait un reportage à ce sujet ? On expliquait comment Hakim avait été recruté grâce à ce dispositif avant-gardiste.*

Un modèle, lui aussi. Plus jeunes, on s'était branchés. Deux forts caractères venaient s'affirmer l'un contre l'autre. J'étais bien déterminée ce soir-là à lui dire ce que je pensais. Et lui aussi. Si bien que l'on s'est blessé. C'était stupide et pas très joli à entendre, mais on avait trop d'orgueil pour lâcher en premier. C'était une question d'honneur. L'honneur de deux gamins, c'est une affaire sérieuse. À ne plus s'adresser la parole.

> *Jusqu'à ce que tu interviennes, triste de nous voir ainsi. Je n'ai pas supporté que tu dises que nous portions la responsabilité de ne plus faire vivre les liens du sang de l'arbre que nous étions.*

Je ne voulais pas décevoir ma mère ni mon frère. Alors, j'ai imaginé le plan « drapeau blanc ». J'ai débarqué dans sa chambre, décidée comme jamais à rompre le silence. Pas une, pas deux, je me suis pointée devant lui.

— J'sais que t'as pas voulu me blesser, et moi non plus. Mais t'es mon frère et je t'aime.

Je m'étais fait tout un film de comment je dirais cette expression. C'est finalement sorti tout seul. La scène était un peu malaisante, car les deux grands orgueilleux que nous étions, étaient aussi deux grands pudiques des sentiments, mais cela m'a soulagée. J'étais heureuse de lui dire, même s'il le savait déjà.

Et de l'amour, il nous en a beaucoup fallu pour affronter la maladie de notre mère. Nous avons eu besoin de nous rappeler tous les jours ce que nos parents nous ont enseigné et transmis : l'amour inconditionnel.

Car la maladie dont souffre ma mère est un gouffre. Une charge mentale qui ne nous a jamais quittés depuis ce mémorable mercredi de mars 2008. Cette maladie est une chape de plomb qui vous terrasse.

Il y a la fatigue du cerveau, du cœur et du corps. On prend cher : insomnie, tendinites, mal de dos, fatigue jusqu'à l'épuisement.

Il y a le sentiment d'abandon : on ne peut compter que sur nous. Et la tristesse campe à la maison compte tenu de notre attachement à notre mère.

Il y a la peur : celle de ne plus nous souvenir d'elle avant sa maladie.

Il y a la culpabilité : d'avoir parfois mal réagi alors que ce n'était pas elle, mais la maladie.

Il y a le manque : celui qui nous envahit quand il n'y a plus sa voix, ses conseils ou ses éclats de rire.

Il y a la douleur : celle du deuil permanent dont on ne sort jamais.

Mais il y a aussi et surtout la joie : celle de la connaître parce qu'elle est une femme exceptionnelle et qu'elle le reste.

Il y a la joie de la voir par moment contente, la joie de voir parfois ses sourires quand on s'y attend le moins, la joie de sentir encore ses baisers sur nos joues d'éternels enfants.

La joie d'être avec elle, encore.

Tu n'as pas laissé la maladie prendre ça de toi. Et toutes nos mémoires sont là contre ton oubli. Si tu ne te souviens pas de moi, moi je me souviens de toi. Et de tout ce que tu m'as dit.

UNE FAMILLE

J'ai voyagé avec toi maman, dans le plus grand des conforts, au creux de ton ventre.

En quittant le Maroc, ma mère laissait derrière elle l'entraide familiale et la solidarité telles qu'elles existaient au village. Elle a dû vivre avec la nostalgie et le déracinement que ceux qui ont quitté leur pays de naissance connaissent.

Pourtant rien de tout cela n'empêchait la douceur de son sourire inonder la pièce dans laquelle elle entrait. En toute circonstance, son regard demeure mon plus grand havre de paix. Elle avait dans les yeux, la force de son cœur, disait Baudelaire.

Le plus beau cadeau que la vie m'est faite, c'est le sourire de ta mère, me confiait mon amie.

Elle incarne l'amour maternel, tendre le plus souvent, dur quand il le faut. Plein de ces attentions et de ces gestes délicats d'une mère affectueuse envers ses enfants.

C'était pareil du côté de mon père. Mais différemment.

Mon père, il mesure 1 m 60 à peine et il est solide comme un roc. J'aimerais vous décrire ses mains. D'abord parce qu'elles sont belles ses mains. Et parce qu'elles sont à elles seules le récit d'une vie. Un livre ouvert qui vous dirait tout. Elles vous en diraient bien plus que n'importe quel mot sur son labeur au fil de ses soixante-quatorze années d'existence. Hâlées par le soleil brut des étés de Meknès, écorchées par le froid des hivers français. Ses mains épatantes, si elles racontent une partie de sa vie, ne disent pas que c'est lui qui nous cousait de magnifiques tenues. Pour moi, c'étaient mes jupes qui tournent, et pour ma mère, c'étaient les belles robes faites dans les tissus colorés du marché de la Monnaie. Mon père, il est fort, robuste, même à son âge, même à l'épreuve de la maladie de son épouse. Ma mère, son tout. Elle est tour à tour et tout cela à la fois : la prunelle de ses yeux, sa complice, son souffle, et la voix de sa conscience. Elle est sa folie, elle est sa raison. Il ne le dit pas parce qu'on ne dit pas ces choses-là. Mais je l'entends pourtant chaque fois qu'il la regarde. Il porte en lui une délicatesse qu'il ne réserve qu'aux personnes qu'il accueille dans son cœur, généreux et bon.

Il est bien ton mari, dis ! C'est mon papa que j'aime.

Il valait mieux ne pas trop l'embêter. Bagarreur, s'il ressentait que l'on était injuste avec lui, il n'hésitait pas à corriger celui qui l'avait cherché. Il était brillant à l'école. Il apprenait vite et bien. Il a toujours cet esprit vif qui le caractérise tant.

La fierté de mes grands-parents, qui avaient investi quelques-unes de leurs économies dans ses études, c'était lui. Il était promis à un bel avenir au Maroc s'il n'avait pas été remarqué par l'ancien patron de mon grand-père. Un Français venu exploiter, durant le protectorat français, les terres fertiles de la région de Meknès, un endroit où poussent les vignes et les oliviers à perte d'horizon. Mon père parlait bien notre langue, comparativement à ceux qu'il côtoyait, en plus d'être débrouillard et besogneux. La charge de travail ne le rebutait jamais.

C'est ainsi qu'il sera « choisi » pour le contrat, comme il nous le raconte.

On lui promettait de devenir riche là-bas s'il voulait bien travailler. Il se voyait déjà revenir au Maroc profiter de son trésor avec sa famille. Il y avait cru. Comme beaucoup d'ailleurs.

Il saisit vite que tout ne sera pas si simple et il reste en éveil. Il s'apprêtait à quitter sa famille, ses amis, ses repères, et son petit bled pour la grande aventure France.

Au départ de Casablanca, il voyagera durant cinq jours pleins et épuisants. En train. Avec d'autres jeunes Marocains qui comme lui partaient à l'assaut d'un avenir meilleur. Si chacun avait son contrat et allait vivre sa propre aventure, qu'ils aient été envoyés à Marseille, à Avignon, à Lyon, à Paris, à St Etienne, à Lille, à Bordeaux où partout ailleurs dans l'hexagone, leurs expéditions avaient la même saveur. Celle de l'exil. Mélancolie longue et tortueuse. Vague à l'âme, parfois torrent, qui ronge, qui broie doucement, sûrement, incessamment les parois d'un cœur à fleur d'émotions. L'exil, c'est cela. Mais l'exil, c'est aussi tout ce qu'ils ne disent pas.

« Les vieux qui ont vécu se taisent pour laisser des rêves aux enfants qui n'ont encore rien vu.

Ils pleurent la nuit pour ne gêner personne. » (Azouz Begag)

Mon père, qui n'avait pas vécu au Chabaâ, arrivera au Puy-en-Velay - au mois de novembre de l'année 1969 en tant qu'aide-maçon - ville point de départ de laquelle il commencera un autre long périple avant d'élire domicile à Romans-sur-Isère, ma ville de naissance.

Papa, comme toi, et tous ceux qui ont la même histoire que vous, vous faites partie à mes yeux de cette génération de femmes et d'hommes courageux, dignes et travailleurs dont on parle si peu. Vous avez tout quitté dans l'espoir d'une vie meilleure pour vos enfants et vos familles.

Nos parents sont des héros. Je ne le dirai jamais assez. Pourquoi ne leur rend-on pas davantage hommage ? La mémoire de nos chibanis ne dit-elle pas elle aussi sa part de la France ? Pourquoi quand on parle de l'Histoire de France, ne dit-on pas le rôle que ceux-là ont joué ? Pourquoi ? Pourquoi passe-t-on sous un silence complice les apports, les richesses, les sacrifices de ces gens-là ? Il y a pourtant de la place dans les manuels scolaires de nos enfants. La République n'a-t-elle donc rien à leur dire ?

Parfois maman, ça me prend tellement aux tripes que
je rêve que je lui parle à França dialna.[1]

— Parle-leur Marianne, enfin ! Un pardon à mes parents, c'est trop te demander ? Ne vois-tu donc pas ? Es-tu aveugle à ce point ? Blessés de n'être point considérés, ou mal compris, alors qu'il suffirait d'un mot de toi… Ecoute Kery[2] quand il dit que c'est toi qui as choisi de lier ton histoire à la nôtre. Dis leur Marianne qu'eux aussi ils sont toi. Il est venu le temps d'assumer.

Il nous a maintes fois raconté son histoire au fil de ses déménagements. C'est comme si j'y étais. Dormir dans un presque bidonville, « fel foyer »[3], dans une chambre de dix mètres carrés partagée à une dizaine de bougnoules, mais les « bougnoules, c'est pas nous, c'est les Français, parce c'est les Allemands qui appelaient les Français les bougnoules. »

---

1. Notre France
2. Kery James, dans Lettre à la République
3. Dans le foyer

Les Arabes et les Noirs, comme dirait Kery, ils ne sont pas arrivés ici par hasard. Ils étaient venus, ceux comme mon père, combler des besoins d'une main d'œuvre bon marché au lendemain des heures les plus sombres de l'Europe, eux qui venaient d'un ailleurs où le monarque, Mohamed V, s'était distingué pour avoir protégé les 250 000 Marocains juifs du Royaume des forces d'occupations françaises de Vichy et des nazis. « Il n'y a pas de juifs au Maroc, seulement des sujets », avait-il déclaré.

A-t-on pris la mesure de vos sacrifices ? Tout quitter pour une vie de labeur sans jamais vous plaindre.

Il n'y avait ni eau courante ni chauffage. Ils étaient montrés du doigt par les passants devant les grillages comme on montre du doigt du bétail. Certains promeneurs lançaient sans scrupule à leurs mômes :

— Si tu continues tes bêtises, je te laisse avec les Arabes.

Plus qu'une menace à un enfant, c'était une menace à la cohésion.

Ceux-là qui étaient pointés du doigt acceptaient des conditions de travail que personne à part eux n'auraient consenti, avec un quotidien éreintant, bien loin des images d'Épinal qu'on leur avait jadis vendues.

La réalité était rude. Et le travail, dur et sans relâche. Parfois sans respect. Sans considération.

Le souvenir de ces récits prend un relief particulier aujourd'hui. Je vous comprends mieux. Et je vous admire plus encore.

Pendant douze ans, il rentrait passer trois mois au Maroc, avec sa famille, avant de regagner la France. Jusqu'à ce qu'il demande à son épouse de le rejoindre avec mes cinq frères et sœurs. Ça ne devait durer que quelques années tout au plus. Mais au fur et à mesure des années, le mythe du retour s'étiolait.

« França » devenait notre pays.

Celui dans lequel mon père sera à mesure des expériences professionnelles et des formations : chauffeur routier, magasinier, ouvrier agricole, ouvrier, carreleur, maçon, soudeur, paveur en travaux publics, charpentier. Et chef de chantier. Et un temps aussi délégué du personnel CFDT. Il a toujours eu une conscience professionnelle à laquelle il est resté fidèle.

C'est de lui maman dont je tiens mon attrait pour la politique et pour le reste que tu sais déjà.

Voilà un peu des aventures de mon père, l'autre pilier de notre foyer, un homme simple et authentique à qui le bonjour de ses voisins de palier et un bon verre de thé suffisent à rendre heureux.

C'est dans cette famille que mon histoire a commencé. Depuis les grandes étendues de terres de Meknès jusqu'aux collines de mon Romans natal. Tout a débuté avec cette mère et ce père qui d'un rien ont construit un tout.

Votre foyer. Notre famille.

Même si c'était dur par moment, ils nous ont élevés dans une effusion d'amour. La solidarité est l'un des piliers sur lequel l'éducation donnée par mes parents s'est construite, tout comme la bienveillance et la rigueur.

Je me souviens des collectes de riz pour les enfants de Somalie. Même si les fins de mois étaient dures, vous avez toujours donné des cartons de riz à l'école.

— Jou3 s3ib à benti, li qaditi ta3tih, 3tih.[4]

Pas question, lors d'un repas de famille, de se contenter d'un oui ou non, d'un j'aime ou j'aime pas. Interdits. Seuls les avis argumentés étaient entendus. C'est toujours d'actualité, et la nouvelle génération, celle de mes neveux et nièces, suit ce même chemin.

Ce même chemin légué un peu plus tôt par nos aïeux.

Notre héritage vient d'ailleurs. De plus loin que l'autre côté de la Méditerranée. De là où partait un caravanier arabe, quelques siècles auparavant, et qui, arrivant dans les montagnes du Rif, s'est éperdu d'amour pour une berbère avec laquelle il choisira de faire sa vie. C'est ainsi que je me rappelle de l'histoire de l'arrière-grand-père de l'arrière-grand-père de mon père.

---

4. *La faim c'est dur ma fille, ce que tu peux donner, donne-le.*

Me rappeler cette histoire me replonge dans nos fabuleuses soirées d'été au Maroc. Des souvenirs parfumés et ensoleillés. Des instants de grâce.

Assis, ces soirs de pleine lune au milieu du patio d'une modeste maison en pisé, en cercle autour de *« jedi »* Mouloud et *« henna*[5] *»* Zahra, nous autres enfants nous partions à la découverte d'un monde inconnu. Celui qu'ils nous contaient.

Pas de télévision, pas de radio ni de livres. Juste leurs voix hautes, leurs histoires incroyables et des détails à l'infini. Le théâtre, c'était eux.

Nous avions comme décor un ciel d'étoiles célestes et une petite lampe à huile.

Pour quelques heures et quelques minutes, ils devenaient des fabulistes fabuleux. En bons diseurs dans la langue qui déclame les poèmes à ses heures, ils exprimaient comme nul autre une couleur éclatante, une émotion qui envahit, un silence de tonnerre. Leurs récits vécus nous donnaient une telle ivresse qu'elle alimentait notre imagination sans fin.

Cet art de la parole, tu l'avais appris dans la famille de papa. Ce sont eux qui t'ont offert ton premier vrai foyer. Tu y es allée jeune, à tes dix-huit ans, après avoir marché pieds nus jusqu'au jour même de ton mariage.

---

5. Ma grand-mère

Vous nous racontiez comment vous aviez tout appris ensemble. Et lui nous racontait comment il ne serait pas l'homme qu'il est sans toi.

« Ah bah oui, c'est grâce à ma femme là. Hya moulet dar[6] ! »

Ma mère a survécu à l'enfer. Quand aujourd'hui encore je repense à son histoire, je suis à la fois effondrée et fascinée par la femme qu'elle est. Effondrée par la découverte des épreuves qu'elle a traversées. Fascinée par sa détermination.

Ou puisait-elle cette énergie ? Cette résistance à tant d'obstacles ? Elle s'est construite à la seule force de son mental et de sa foi imperturbable. Toujours forte, toujours courageuse. Elle ne pliera jamais. Éternelle optimiste, elle voyait dans les surprises de la vie, même les plus difficiles, le miracle, la profondeur et la beauté de la Création.

Éternelle optimiste, oui je le répète encore, elle voyait dans un jour, une chance.

Ma mère devait avoir quatre, ou peut-être cinq ans quand elle a perdu sa mère. Elle, ses deux grandes sœurs, son petit frère, le nourrisson furent livrés à eux-mêmes. Seul le petit dernier sera épargné par cette enfance terrible qui sera la leur. Il grandira loin d'eux, dans une famille aimante et protectrice, se coupant de ma mère et des trois autres.

6. *C'est elle la maîtresse de maison.*

Leur quotidien ? Trouver à manger, éviter les insultes et la maltraitance de celle que *« jedi »* Salem épousera par la suite.

Pas de lit pour dormir, mais la berda'[7] de l'âne en guise de couverture pour se protéger du froid. Et de la paille, quand il y en avait, pour faire office de matelas.

Pas de chaussures. Pas de vêtements, sinon troués. Pas de chaleur humaine non plus.

> *Peut-être est-ce pour cette raison que tu nous as bordés de tout cet amour, toi qui en avais manqué ton enfance durant.*

En 1984, soit trente ans après sa naissance, elle atterrit à Marseille. Femme, heureuse, épanouie, épouse et maman de cinq enfants, enceinte du sixième. Enceinte de moi.

Zéro accompagnement pour son installation dans son nouveau pays. Arrivée d'un village où l'on s'éclaire à la bougie et où il faut des heures pour remplir l'eau du puits, elle débarquait « fi Françа[8] », passant du dos d'âne comme moyen de transport à l'avion pour arriver dans ce « ici » tant fantasmé et qui est devenu au fil des années et des décennies notre chez nous.

L'école, elle n'y avait jamais mis les pieds. Elle venait d'un milieu bien trop pauvre pour cela.

---

7. Selle pour les mules et les ânes.
8. En France

À dix-huit ans, ma mère se mariait avec mon père. Le Cupidon de l'histoire, c'était le cousin de mon père, *'ami*[9] Abslem, décédé depuis. C'est lui qui présentera à mon père celle qu'il épousera. Une jeune femme dont le père était berger, honnête et de modeste condition, remarié après la tragique mort de sa première épouse.

Mon oncle décrivait ma mère comme travailleuse et discrète. Si tôt qu'il l'avait vue, mon père savait que c'était elle. Elle, sa compagne pour la vie, elle avec qui il construirait à son tour son foyer. La plus belle femme du village, nous racontait-il, amoureux comme au premier jour.

Tu t'en souviens de ça, maman ? On ne peut pas oublier l'amour de sa vie.

Une fois mariée, ma mère découvrait enfin un cadre familial et protecteur. Elle se sentait bien. Elle nous le racontait avec sourire. Elle vivait dans une famille où l'amour la couvait et où elle devenait une femme. Elle construisait son foyer et fondait une famille. Elle rencontrait du monde. Elle avait ses amies. Sa vie lui plaisait.

On la louait pour sa douceur, sa cuisine, aussi délicieuse qu'elle était généreuse et l'éducation qu'elle donnait à ses enfants. Elle vivait en harmonie avec son entourage.

9. Mon oncle

Ma mère, dont les grands yeux bruns étaient toujours ourlés d'un trait de khôl couleur ébène — dont seules les femmes berbères détiennent les secrets de confection — avait épousé celui qui était tant convoité au village, celui qui travaillait fi França. Le graal. On la jalousait. Tant pour sa beauté que pour son mari.

Oui, il était beau quand il était jeune.

— Kounti zouine, ouma daba, dgoul Louis de Funes Tu étais beau, mais maintenant, on dirait Louis de Funès, aimais-tu le taquiner.*

Ma mère est la première féministe de ma vie. On va toujours chercher des mentors dans l'Histoire, ou dans des contrées lointaines, alors que parfois, ils sont juste là, à côté, si près de nous, qu'on oublie de les regarder.

Moi, je t'ai eu toi maman. Quelque part entre Olympe de Gouge et Gisèle Halimi.

Elle l'est devenue avec Zoubida. La naissance de son premier enfant, c'est aussi sa naissance de maman. Une mère protectrice d'une petite fille qui voyait le jour, une féministe sans le savoir s'élevait.

Ton histoire, si le monde la savait, l'avenue des Champs-Élysées s'appellerait toi. En voulant offrir le meilleur à ta fille, tu as permis aux autres petites d'intégrer l'école du village. Ta petite Zoubida, première fille scolarisée, a été la chance de toutes les autres d'accéder à l'école de Ras Jerri.

C'est ainsi que mes parents, soutenus en cela par mes grands-parents, ont ouvert les chemins de l'école aux autres filles des alentours. Ils ont à vie mon admiration.

UNE MALADIE

T'en rappelles-tu maman ?

Tout s'est enchaîné si vite. Papa arrivait enfin à l'âge d'une retraite bien méritée. Il s'était cassé le dos dans les chantiers. Il allait enfin souffler loin des moellons et des tracas d'antan. Toi tu fêtais tes cinquante printemps, éclatante, d'une beauté immortelle. Vous nous aviez élevés, il ne restait que la petite dernière, ton chouchou, ton bébé que tu adorais regarder enchaîner les blagues, et la voir grandir et s'épanouir.

Sauf que le mektoub en a décidé autrement. Pas de fin de conte de fées, mais le compte à rebours lancé d'une mémoire bientôt perdue ou effacée.

La maladie a fait son entrée fracassante Chay nous. D'abord soignée pour symptômes dépressifs, à cause de sautes d'humeur et d'oublis à répétition, après que Hayate l'ait accompagnée une première fois chez un spécialiste. Le neurologue nous a fait perdre deux années avec sa phrase assassine : « ce n'est pas parce qu'on a des oublis, qu'on a Alzheimer. »

On s'est contenté de ses dires un moment. Et puis le temps. Et puis les oublis des oublis. Et puis les premiers doutes. Avec Fatima, on voyait bien qu'elle n'allait pas bien. Un « pas bien » de plus en plus préoccupant.

Elle a commencé à exprimer des jurons. Ce ne sont pas les mots de ma mère. Elle ne s'exprime pas ainsi. Jamais en vingt-trois ans, je ne l'avais entendue parler de la sorte comme j'avais pu l'entendre en cette période. Tous ces vilains mots ne collaient pas avec sa personne.

Aussi longtemps que je me souvienne, ses mots m'ont toujours sucrée. Elle avait la tendresse et la douceur des femmes qui ont traversé des peines et des cataclysmes. Et une forme de sagesse qui rassure et inspire. Elle dégage une forme d'humanité si rare. Et maniait les mots à merveille. Pas les jurons.

Me reviennent en tête, dans un cheminement logique, les débuts chaotiques de sa maladie. Ils sont un souvenir terrible.

> *Si je pouvais revenir en arrière, peut-être que je ferais autrement maman. Mais avec des « scies », on peut se blesser. Regarder en arrière est de toutes les façons un luxe qu'un aidant familial n'a pas la possibilité de s'offrir. Ces souvenirs appartiennent au passé. De nos maladresses, nous avons appris à t'accompagner mieux.*

Je me souviens de ce jour où j'ai vu dans ses yeux qu'elle savait que je savais qu'elle était malade. C'était pour l'anniversaire de Awatef, la fille de Hayate. Nous nous étions activées une semaine durant pour tout préparer. Il a fallu pour cela d'innombrables allers-retours pour que tout soit parfait.

Tu étais si heureuse d'organiser cette surprise d'anniversaire à ta petite fille : ana li ghadi ndir koulchi[10]*. C'est à peine si tu voulais que je t'aide. Je n'étais là que pour être ton chauffeur et te conduire de partout où tu l'exigeais parce que tu aimais te balader dans ma Cooper rouge.*

La fête d'anniversaire de la petite Watwat était une réussite. De celles que les mômes rêvent d'avoir. Un moment que l'on n'oublie pas. Enfin, normalement.

Quelques jours après, tu es venue me voir pour me dire : "Benti, khasna nwajdou 'id miled Awatef ! Ma fille, on doit préparer l'anniversaire de Awatef !"*

Elle avait occulté une semaine entière. Comme si tout ce que nous avions vécu n'avait jamais existé. Ni les sourires, ni le temps passé à faire de cette journée un moment incroyable, ni les visages, ni rien. Il ne lui restait de tout cela aucun souvenir. Sa mémoire avait tout effacé. D'une seule traite.

La scène me figea de froid. On aurait pu faire semblant encore, mais mes yeux m'ont trahie. Elle avait vu dans mon regard que j'étais choquée. La lucidité de ce moment reste une douleur incrustée en moi.

Tu as levé la voix :

— Koulchi ki nsa, machi gher ana. Tout le monde oublie, il n'y a pas que moi.*

10. C'est moi qui vais tout faire.

Ta colère ne m'était pas adressée. Elle s'exprimait contre ce que tu commençais à percevoir du changement de ta vie.

J'étais effondrée, non parce qu'elle avait levé la voix, mais parce que nous ne pouvions plus ignorer le caractère anormal de cette scène, ajoutée à toutes les autres. Nous ne pouvions pas nous dérober à cet instant d'une vérité transcendante.

Alors même que la raison, l'esprit et le cœur sont infirmes à penser la suite, Fatima et moi décidons de répertorier tout ce qui paraissait inhabituel dans le comportement de ma mère.

Nous devions objectiver notre regard, car même si nous sentions que quelque chose n'allait pas, il ne fallait pas inquiéter tout le monde inutilement.

On prend cette responsabilité à deux, et on note tout.

J'ai vingt-trois ans et Fatima en a vingt, lorsque nous prenons rendez-vous avec une nouvelle neurologue.

Souviens-toi maman, c'était entre le premier et le deuxième tour des élections municipales de 2008. Un mercredi après-midi, à 14 heures. J'avais dû négocier dur avec ma hiérarchie pour pouvoir être là avec toi. Un jour que j'aimerais oublier, effacer. Mais il est là, dans mon esprit et dans mon cœur.

Après un échange rapide, presque froid, nous remettons au spécialiste nos notes minutieuses rappelant des anecdotes toutes aussi précises qu'elles étaient douloureuses. L'entretien se poursuit avec une série d'examens cognitifs. Celle qui devient un jour sa neurologue fait son annonce. C'est ce jour-là aussi que ma mère devient sa patiente.

— C'est d'Alzheimer dont vous souffrez Madame Chay.

L'autorité médicale venait de poser sa sentence. Un bam vibrant d'un marteau sur une enclume. Elle me réveille de mes espoirs. Brutalement. Elle nous condamne tous. En annonçant cette maladie grave, on en devine l'incurabilité. C'est une double peine, celle qui vide l'âme de son être et celle qui la condamne derrière les barreaux pour le restant de ses jours.

On prend tous perpétuité. Toi, maman, la première concernée. Et tes deux filles présentes à tes côtés, et tout le reste de la famille qui ne le sait pas encore. Et même tes petits enfants.

Avec nos notes, nos craintes, nos espoirs, nous venions demander au médecin la vérité médicale concernant son état de santé, tout en souhaitant, dans le secret de mon cœur, ne recevoir que de bonnes nouvelles.

C'était notre pire crainte, cette pathologie. Nous pensions être prêtes à entendre quelque chose comme cela. Mais c'était complètement illusoire. Quand le diagnostic tombe, elle est d'une violence qui ouvre l'âme en deux. Elle vous abandonne à vous-mêmes dans quelque chose d'inexplicable. Indéfinissable sensation qui vous percute en plein plexus. Et me laisse étourdie.

Même submergées par la nouvelle, nous savions désormais de quoi elle souffrait. Un soulagement ? Pas vraiment. Et ma mère ? Et ma mère, alors ?

Au diable le médecin et son diagnostic. Elle le refuse. Le discours médical ne s'encre pas. Il est impossible à entendre, à comprendre, à intégrer. Car il dit une maladie incurable avec un pronostic réservé qui atteint une patiente jeune et jusqu'alors en bonne santé. Comment, quand on est cette patiente, on peut l'intégrer ce diagnostic ? Faire entrer dans son existence cette maladie, alors que c'est impossible même à penser ?

— Non Docteur, je suis pas malade… *La, ma fiach Alzheimer.* * Non, je n'ai pas Alzheimer.

Elle se retourne vers moi et me répète :

— *Latifa ! Goulilha ! Ma ranich mrida. Goulilha malki ?* * Latifa ! Dis-lui ! Je ne suis pas malade. Dis-lui, qu'est-ce qui te prend ?

Je ne parle plus. Je n'accepte pas plus que ma mère ce que je viens d'entendre. Les mots du médecin sont comme des coups que je reçois. Violents dans ce qu'ils racontent, ils meurtrissent mon cerveau. Pourtant je m'en doutais bien. Pourtant je croyais m'être préparée.

Pourtant.

Je regarde ma mère, silencieuse. Je regarde mon roc faire face à cette effroyable nouvelle. Même entourée, elle est seule face à cette annonce traumatisante impossible à accepter. Ma mère, nouvelle patiente, écoute ce qui ne peut être compris.

Assise, impuissante, perdue.

Est-ce que quelque chose aurait pu te réconforter ce jour-là ?

Le médecin met en place ce qu'elle appelle un protocole de prise en charge : l'ALD. Je crois bien que c'est ce qu'elle dit. Je la vois bouger ses lèvres. Oui, elle nous parle. Elle dit ce qu'elle a à dire, mais les mots mettent longtemps à arriver à mon cerveau.

Je suis ailleurs, là où la parole n'a plus de sens.

J'enregistre, malgré moi, ce qu'elle dit. Mais intérieurement, mon monde s'écroule. Tout cela, à la vitesse de l'antonyme de la lumière. C'est le noir total.

Tu nous en veux sur l'instant. On le voit, on l'entend dans ta voix tremblante. Un désarroi douloureux et profond se dégage pour la première fois de toi maman.

Nous restons alertes. Fatima garde un aplomb incroyable. Moi, je froisse une feuille entre mes doigts sans vraiment savoir pourquoi. Pèse désormais sur nos épaules la lourde charge de l'annoncer au reste de famille. Ça va être dur, nous le savons. Nous le ferons avec la responsabilité qu'impose ce moment.

Mais désormais, c'est la course contre la montre. À la maison, mon père et les six autres enfants attendent. Ils sont autant de façons de recevoir cette nouvelle. Pour cette première réunion « maman », une avalanche de dénis submerge notre famille. Tous ébranlés, étourdis, en colère, effrayés. Comme anesthésiés par le verdict.

— Maman va très bien. C'est vous qui en faites des caisses. Elle ne suivra pas un traitement pour une maladie qu'elle n'a pas, OK ? C'est vous qui ne savez pas gérer votre relation avec elle. C'est à vous de vous remettre en question…

Et des questions, j'en ai plein. À n'en plus dormir. Dans une forme de détresse, je fais précisément ce qu'il ne faut pas faire en de pareils instants. Je vais sur internet et je tape « Alzheimer évolution ».

Description clinique de la maladie, symptômes, pronostic réservé, états d'avancement, modalités du traitement, résultats possibles. Mille questions, pas de réponses. Pas celles que j'attends.

Impatiente, je déborde d'une anxiété qui va s'installer dans le temps. Le cours de ma vie est transformé. Avec ma mère, on passe de l'autre côté. Du côté sans espoir.

> *Tout cela me plonge dans un isolement moral sans précédent. Plus rien n'allait être comme avant. Je le savais. J'en souffrais. Et je ne pouvais pas en parler avec toi. J'ai dû me contenter de ton silence et de tes mots jamais prononcés.*

Pourtant.

Dans un paradoxe déchirant, sur fond d'une musique aux tons mélancoliques, ma raison habitée de mots, d'images, et de prières, se nourrit aussi d'espérance. Ma mère est jeune et je nourris l'espoir secret qu'elle pourrait rester comme elle en cet instant et qu'elle le demeure pour l'éternité.

Est-il possible de freiner les effets de cette maladie ? Existe-t-il un traitement aux USA ou ailleurs qui pourrait te guérir complètement ? Ou te guérir au moins un peu ? Même un tout petit peu ? La ralentir au moins ? On était prêt à tout, maman.

Nous aménageons nos vies. Nous gérons comme nous pouvons. Laborieusement, mais avec détermination. Nous commençons à élaborer un plan, car nous voulons la garder le plus longtemps possible. Alors que faire pour ralentir cette maladie ?

On essaye de garder la tête froide. C'est dur, mais on s'active, on fait, on agit pour toi maman.

Nous donnons le meilleur de nous-mêmes pour accompagner notre mère. Nous devenons les rois des plannings. De stimulation en stimulation, sept jours sur sept, matin, midi et soir. Ateliers dessins par-ci, ateliers musiques par-là, marche, danse, musique populaire marocaine, bendir[11], cuisine… Tout ce qu'elle peut encore faire, nous le faisons ensemble.

11. Instrument de musique, type tambourin

Si tu savais maman, comme ça a été dur avec les administrations. À en devenir complètement fous. Comment font les familles qui ne peuvent pas compter sur autant de personnes ? C'était l'enfer avec les institutions. Il aura fallu presque deux années pour tu sois prise en compte. Tu ne l'étais pas jusque-là, car tu ne remplissais pas la troisième condition. Celle de l'âge. Tu étais trop jeune pour être reconnue malade et bénéficier de certaines aides. Aberration. Tu comprends, il ne fallait pas tomber malade à la cinquantaine, et « reviens dans dix ans ».

Nous sommes en apnée. Nous nous gainons intellectuellement. Nous installons en nous le « mode robot », car il est la seule façon de faire face.

On s'occupe de toi contre ton gré parce que tu refuses ta maladie. Tes maux, tu ne nous les dis pas.

Nous sommes, un temps qui ne dure que trop, traversés par les pires des images. Les doutes arrivent par vagues ininterrompues. Les « comment ça va se passer ? » fusent dans les esprits. Et laissent peu de place à l'espoir. La maladie nous piège.

Malgré cela, tu sembles heureuse. Tu suis avec enthousiasme ma campagne de près. Dans ton sac à main vert, tu conserves précieusement les tracts, les photos, les coupures presse et tout ce qui a trait aux municipales. Tu le vois maman mon sourire ?

Mais, petit à petit, la maladie montre ses crocs. Les signes d'absence sont de plus en plus courants et de plus en plus inquiétants. Gestes, traits de son visage. Et son regard. La maladie dit à travers les gestes de ma mère ce qu'elle-même tait. Mais comment dire ce qui est impossible à accepter ? Comment exprimer qu'un jour la mémoire s'en va ?

Brutale et cruelle, la maladie ne laisse le temps à personne de se préparer. Il est, de toutes les façons, impossible de se préparer à « ça ».

> *Tu deviens dépendante tout de suite. Je ne reconnais même plus ton regard dépossédé de sa douceur. Et la méfiance que tu nous manifestes est insupportable. Elle brise. Lentement. Longtemps.*

Nous tenons un journal de bord pour répertorier tout ce qui se passe, tout ce qui va et tout ce qui ne va pas. Comportements inhabituels et rafale d'omissions. Comme le fait qu'elle ne sache plus ce qu'est une douche. Une douche. Je ne savais pas que l'on pouvait oublier cela.

— Ça suffit ! Elle me pince. Elle ne me laisse pas l'approcher.

J'entendais l'infirmière pester depuis la salle de bain de l'étage. À juste titre sans doute, car elle était exténuée par l'attitude de ma mère, mais sur le coup, l'entendre me fait mal.

Je sais que ce sont des métiers difficiles, qu'elles sont mal payées, parfois insuffisamment formées, mais je me mets aussi à la place de ma mère, et des personnes qui comme elles sont malades.

Ma mère devait se demander qui était cette étrangère qui voulait à tout prix lui ôter ses vêtements pour la « doucher ». Et le tout, dans une langue qu'elle comprenait de moins en moins. Peut-être déjà plus. J'imaginais qu'elle avait peur. Nous assistions, démunis, à une démonstration de ses mécanismes de défense.

— Je prends la relève Sylvie, merci. Si vous pouviez juste me préparer les médicaments avant de partir, ça m'aiderait énormément. Je me charge de la douche. Ça ira mieux demain, vous verrez.

Je rassure l'infirmière qu'il faut ménager, car c'est la croix et la bannière pour trouver du personnel soignant compétent ET qui veut bien intervenir à domicile avec des pathologies similaires à celle de ma mère.

Je suis avec ma mère. L'épisode avec l'infirmière l'avait angoissée. Considérablement. Comme elle percevait tout des émotions qui l'entouraient, il fallait que je retrouve un peu de sérénité moi-même avant de pouvoir m'occuper d'elle. Au-delà du mot qu'elle ne comprend plus, l'essentiel va reposer désormais sur le contact, le lien que je vais tenter.

— *Moui hbiba** Maman chérie

— *Chkoun nti 'awtani** ? Tu es qui toi encore ?

Je passe devant elle.

— *Chnou ket diri ?** Qu'est-ce que tu fais ?

— *Ken douwach.** Je prends une douche.

Je me déshabille. L'air de rien. Je rentre dans la baignoire. Je commence à faire couler l'eau. Ma mère adore l'eau.

— *Ch'hal zouine lma** Qu'elle est bonne l'eau, dis-je.

— *Hta yana bghit lma.** Moi aussi je veux de l'eau.

— *Iwa, aji m'aya, baka lblassa.** Alors, viens avec moi alors, il reste de la place.

Elle fait comme moi. Elle se déshabille à son tour, je l'aide, l'air de rien, car ses gestes sont approximatifs, comme si elle faisait tout. La connexion entre elle et moi se fait.

— *Ana jaya** J'arrive, me dit-elle enthousiasmée.

Je parle fort pour qu'elle me comprenne, le tout accompagné d'un sourire généreux. Ce qui la rassure. Je dis combien je suis heureuse de prendre une bonne douche chaude avec elle. Je dis ce que j'ai sur le cœur. Mon bonheur de la voir me faire confiance alors qu'elle ne me reconnaît plus a une saveur particulière. Ces minutes me comblent d'une joie aux contours étranges. Heureuse, je crois, même si elle ne me reconnaît pas.

Je n'aurais jamais pu te rapporter cet événement sans en avoir la gorge serrée.

— *Walahila meziane !** Ah c'est une bonne chose !

On se passe les produits. On se frotte. On rigole. On s'amuse. Nous passons un moment agréable sous cette douche. Elle et moi, presque comme au bon vieux temps des hammams du bled. À ceci près que j'étais devenue une étrangère pour elle. Mais une étrangère gentille.

En sortant de la douche, je l'enroule dans un drap de bain chaud que j'avais préalablement posé sur le radiateur. Elle s'en émerveille et me remercie de lui avoir offert des vêtements propres. Les siens pourtant, mais qu'elle ne reconnaissait plus.

— *Darty fya el ajar !** Tu m'as fait du bien ! [12]

Sa sincérité est bouleversante. Elle n'a cessé de me remercier. J'en faisais autant. Malgré la situation délicate du départ, nous avions partagé un moment de complicité inattendu. Rien de plus beau que ma mère qui me sourit. Avec cœur.

> *Nos moments de bonheur ressemblent désormais à ceux-là.*

Elle paraissait presque normale, comme lucide. Elle appréciait à l'évidence ce qu'elle venait de vivre et semblait en être heureuse. Le reste, en cet instant, n'existait pas.

— À chaque jour suffit sa joie, me disais-je à moi-même.

---

12. Le mot « ajar » n'existe pas en français, il veut dire récompense ou salaire selon les circonstances - ici pour être le plus fidèle au mot, ça serait : tu m'as offert une récompense, ou tu m'as fait du bien et tu seras récompensée par Allah.

Cela n'a pas toujours été le cas ce type de réaction de ma part.

Il aura fallu du temps et apprendre à ruser avec cette maladie, la contourner pour pouvoir nous adresser à elle de telle sorte d'être accepté dans son nouveau monde, avec ses nouvelles réalités. Pour ouvrir avec elle un autre temps sur un territoire inconnu.

Ce fut douloureux d'en passer par là, mais le pire aurait été de vouloir répondre de façon pressante ou rigide à des scènes saugrenues et irrationnelles. Nous n'aurions fait que la braquer davantage contre nous.

Pour que cela se passe bien et créer une liaison fiable, il nous fallait pénétrer son monde, le comprendre suffisamment pour en faire partie. Au moins, un peu pour maintenir ce qu'il restait de dialogue.

Je ne sais pas maman combien de temps j'ai mis à comprendre. Ça ne servait à rien de vouloir analyser tes gestes ou tes mots avec mes lunettes de toujours. Tout avait un sens nouveau, celui qui dit, sans un mot prononcé, ton histoire d'avant et les conditions dans lesquelles tu évoluais. Et dont je mesure avec émotion que je ne sais finalement pas grand-chose. Mes interrogations demeurent entières quant à ton enfance terrible que je devine à peine, raccrochant les bribes que tu évoquais avant aux réactions que tu développais depuis ta maladie.

Il est là le piège de cette satanée maladie. Elle tend une toile sur la personne, la prend dans ses filets, et le temps de se rendre compte de quoi que ce soit et de réagir avec mesure et recul, la personne est déjà dans une logique éloignée de la nôtre.

Que se passait-il dans ta tête maman ? Quand nous, on s'empêtrait dans ta maladie et qu'on essayait d'interpréter ce que péniblement tu faisais ? Souffrais-tu en silence ? Souffrais-tu de nous ? Dans un grand fracas intérieur ? En silence ? Incomprise ? Comment vivais-tu tout ça ? Toi, la première concernée, comment ressentais-tu ces changements ? Est-ce une douleur continue et profonde ? Est-ce une peur taraudante du matin jusqu'au soir et du soir jusqu'au matin ? Est-ce une émotion ? Une image ? Un mot ? Tout ça à la fois ? Ou pire encore ?

Tu ne nous as jamais parlé de ta maladie. Tu as gardé pour toi tes peurs comme pour nous en protéger. Je peux bien te le dire maintenant, j'aurais aimé maman, que tu t'ouvres à nous. Pour te soulager au moins un peu de ce que l'on pouvait percevoir de tes angoisses.

Comme l'angoisse que provoquait désormais la télévision ou son ombre. Cette maladie ne manque pas d'imagination. Elle aussi, elle est là où on ne l'attend pas.

On a dû tout éteindre, tout couper. Mais nous ne sommes pas arrivés à supprimer ton ombre, celle qui devenait « hadik lmra[13] *». Celle qui te poursuivait sans relâche et ne te laissait pas une minute de répit. Pas plus qu'à nous.*

---

13. Cette femme

J'ai détesté « hadik lmra ».

Cette maladie nous avait nous aussi embarqué dans ses tourments. Parce que nous aussi, on a fini par la voir cette femme qui poursuivait ma mère de partout, qui répétait tout ce qu'elle disait. Instantanément et à n'importe quelle heure du jour et de la nuit.

Même sa propre voix, ma mère ne la reconnaissait plus.

> *Qui était « hadik lmra » qui te pourchassait ? Elle était quoi pour toi maman ? Ton reflet ? Un miroir ? Une doublure ? Un autre « je » ? Ta maladie ?*

C'est d'ailleurs comme cela, avec l'épisode de « cette femme » que nous avons compris que ce n'était pas Alzheimer dont elle souffrait.

C'eût été trop simple de ne souffrir que d'un Alzheimer précoce. Fallait-il développer des signes d'autres neuro-dégénérescences.

Toutes ces bizarreries ont été notre quotidien longtemps. On s'est adapté comme on a pu, c'est-à-dire mal, puis mieux après. Mais il fallait de nouveau se réadapter, car la maladie évoluait de nouveau. C'est elle qui donnait le rythme à la maison. Et même dans nos vies.

C'est dur de voir son roc s'affaiblir. Si vite. L'image que renvoyait la maladie était si éloignée de celle qu'elle avait toujours été.

Alors j'ai prié, jour et nuit, et encore nuit et jour pour que tu guérisses. Mais j'ai vu que ton état de santé s'aggravait. De plus en plus, et toujours plus vite. J'ai été prise de colère contre le Seigneur. Je ne lui ai plus adressé la parole. Je lui ai dit, avec la franchise que tu me connais, ce que je pensais de son mektoub.

En plus de la colère contre Lui, les souvenirs désagréables des débuts de sa maladie me hantent. Je culpabilise de ne pas l'avoir mieux accompagnée. Le quotidien à ses côtés nous réservait toujours des surprises, des inattendus, des perturbations. Elle nous lance sans cesse de nouveaux défis. Elle nous nargue tous les jours. Elle ne baisse jamais la garde. Elle nous garde à vue, à vie.

Nous étions jeunes, novices, les compétences et le recul nous manquaient. Et les aides extérieures, quand elles existent, sont largement insuffisantes.

Tiens, regarde maman, le message que Salima a laissé hier soir sur le cahier de suivi des auxiliaires de vie :

« Bonjour,

Hier, au coucher de Mme Chay, nous nous sommes aperçus qu'elle portait : 2 pantalons, 1 t-shirt, 1 pull et 1 robe. C'est beaucoup !

Si vous voyez deux tenues près du lit, ne pas hésiter à en laisser une de côté.

Merci.

Pour la famille Chay, Salima. »

UNE ÉVOLUTION

À cause de la maladie de ma mère, même si nous sommes un certain nombre autour d'elle, avec les contraintes liées au boulot et l'engagement que représente la politique, un jour, j'ai flanché. J'ai craqué comme les coutures d'un jean que l'on a trop porté.

« Je ne me soucierai ni de Dieu ni des hommes

Je suis prêt à mourir si tu mourais un jour

Car la mort n'est qu'un jeu à côté de l'amour

Et la vie n'est plus rien sans l'amour qu'elle nous donne

Parce que je suis au seuil

D'un amour éternel je voudrais que mon cœur

Ne portât pas le deuil »[14]

Burn out complet.

Toutes les larmes que j'arrivais péniblement à retenir et que je cumulais quelque part entre mon cœur et mon cerveau avaient formé un torrent qui m'embarquait dans des tourments intérieurs. L'épuisement m'avait envahie. D'un coup, d'un seul.

---

14. Extrait de la chanson de Serge Gainsbourg (Parce que)

Pleurer. Je ne faisais que cela. Pas devant ma mère, mais dès que je me retrouvais seule, loin de ses yeux vidés de sa personnalité d'avant.

Torturée par les pourquoi. Pourquoi ma mère ? Pourquoi maintenant ? Pourquoi cette maladie ? Pourquoi elle évolue si vite ? Pourquoi ?

Ma colère contre le Créateur grandit. J'en veux même à mon père qui lui ne perd jamais espoir et continue inlassablement de demander la guérison pour son épouse. Dans chacune de ses prières, à chacun de ses souffles, à chaque repas de famille.

— Tu ne vois donc pas papa qu'Il nous a abandonnés ? pensais-je étouffée par la colère.

Je ne lui disais pas, mais tout dans mon attitude le criait. J'en avais gros sur le cœur. Car je me sentais abandonnée. Moi, la partisane de l'optimisme, je n'étais plus guère favorable à rien.

L'épuisement m'avait submergée.

Que fait la maladie pendant ce temps-là ? Elle continue à sévir. Elle gagne du terrain. Elle s'immisce dans les gestes les plus simples, ceux qu'elle nous oblige à décortiquer alors que nous les faisions d'habitude automatiquement.

> *Longtemps, j'ai refusé ta maladie et les codes nouveaux qu'elle imposait. Mais c'était comme se taper la tête contre un mur, il n'y a bien qu'à moi que cela faisait mal.*

À quoi bon les pourquoi ? À quoi bon ruminer ? À quoi bon refuser ?

Tu en es arrivée à oublier ta propre maison. Tes propres enfants. Ton propre mari. Et quoi donc encore ? Toi ?

Boire, marcher, parler. La maladie est allée jusqu'à lui prendre cela. Même les gestes rudimentaires du quotidien. Tout lui devenait étranger, même le temps qui passe. Jusqu'au rythme du jour et de la nuit qu'elle a un temps inversé.

Quand je pense à cette maladie, je l'imagine comme une prison qui se dresse entre les yeux et l'horizon. Les hauts murs jusqu'au ciel empêchent les prières d'arriver au Seigneur. S'y affairent un peu d'ici, en tous cas ce qu'il en subsiste, un peu de là-bas à Meknès. Se percutent ce qu'il reste de souvenirs. Des bribes d'avant qui lui faussent compagnie, puis qui reviennent, alors qu'il n'existe plus ni présent ni passé. C'est sans fin, car sans repère. Comme un songe. Comme cette ombre.

Comme cette « femme » qui peuple ton oubli, comme cette douleur qui peuple ton mari, qui peuple tes filles, qui peuple tes fils.

J'imagine cette maladie comme un monde parallèle semblable à un labyrinthe sans jour, sans heure, sans fin où elle cherche inlassablement un chemin qui n'existe pas.

Elle changeait tellement. Tellement vite.

Même cette angoisse, cette peur et cette inquiétude qui se lisaient dans son regard nouveau, on ne les voyait plus. La combativité qu'elle avait développée pour se sortir de là et rentrer « chez elle », elle l'oubliait aussi.

Au fur et à mesure, c'est le vide qui s'est glissé dans tes yeux. Un vide qui accapare l'âme de ceux qui t'aiment à jamais.

J'en regrettais presque ses coups de colères, ou ses argumentaires farfelus qui étaient, dans sa logique toute personnelle, si saisissants qu'il était impossible de les contrer raisonnablement. Nous ne savions plus s'il fallait en rire ou en pleurer, alors nous en rions, puis nous en pleurions.

Au moins quand elle disait vouloir rentrer dans sa maison, nous pouvions parler avec elle. Il y avait sa voix qui nous accompagnait. Mais même sa voix, la maladie a fini par nous en priver.

Aujourd'hui tu ne parles plus que dans mes rêves. Tu y es comme avant. J'en remercie Dieu, car Il me permet encore de t'entendre en songes. Oui, maman, parce que depuis, je me suis réconciliée avec le Seigneur. J'avais trop de colère, et comme je n'avais pas le droit de t'en vouloir, j'en ai voulu au plus Fort.

L'agressivité passe, elle laisse un vide que l'inquiétude remplit. Il reste la maladie crue, brutale, l'errance, les prières ininterrompues, la solitude. L'absence.

L'absence de toi maman.

C'est d'une peine infinie dont il est question.

On voulait bien faire, mais par moment, on faisait preuve de maladresse. À s'obstiner à te rabâcher certaines choses, on pensait sans doute pouvoir les inscrire en toi et te maintenir dans notre réalité.

Mais notre réalité n'était plus la sienne. Ma mère est désormais dans un ailleurs qu'elle est seule à connaître.

On est passé par tous les stades possibles et inimaginables. J'en ris presque. Comme cette fois maman, où j'ai dû te courir après en pyjama et claquettes au milieu du rond-point non loin du lotissement. Tu avais réussi à t'enfuir de nouveau même si j'avais fermé le portail. Comment avais-tu fait ?

Si tu tends bien l'oreille, maman, ces moments dont j'ai parfois ri comme pour m'en libérer, n'expriment en réalité qu'un profond désarroi et une grande tristesse.

Lui courir après comme une dératée, même de cela, je suis nostalgique.

Il est loin ce temps où je te courais après comme une « mahboula » !

La maladie rafle tout sur son passage. Même son corps. Ma mère ne marche plus. Depuis un moment.

Tu te souviens maman, quand c'est arrivé ?

C'était à la suite d'une hospitalisation. Pour retrouver un peu de souplesse et de mobilité, après que ma mère commençait à s'emmêler les pinceaux pour mettre un pied devant l'autre. Elle piétinait, certes, mais elle marchait encore.

Je te tiens les mains. Car tu ne dois pas bouger. Je te parle pour te rassurer. Si tu ne bouges pas, dit le médecin, tu ne sentiras rien.

Il enfonce l'aiguille dans le dos et tu hurles à la mort.

Elle crie fort.

— *Achnou ket dirou li ?** Que me faites-vous ?

Elle a eu mal. Très mal. Son cri sorti du ventre a hanté mes nuits un moment. Peut-être n'aurions-nous pas dû autoriser cette opération ? Elle n'a plus jamais remarché après.

Maman, pardon.

Si nous demeurons à ce jour épuisés par la quotidienneté d'une maladie surréaliste qui nous abîme le corps, le cœur et l'esprit, je vois désormais les enseignements à tirer de tout cela.

Tu continues, même dans la maladie à nous éduquer et nous enseigner la vie.

Tu demeures à mes yeux une source d'inspiration infinie.

UNE MERVEILLE

Même dans la maladie, ma mère veille. Plus on s'est aimé, plus on a grandi.

La solidarité et l'amour que vous nous avez enseignés papa et toi, ils demeurent, ils se renforcent, ils prennent même tout leur sens. Dans notre famille, nous sommes comme les doigts non pas d'une main, mais d'un poing serré.

Ce qui permet, chaque fois que nécessaire, comme cette fameuse nuit de novembre et toutes les autres encore, que chacun joue le rôle qui est le sien pour réussir le prochain acte de cette grande comédie.

Il nous aura fallu du temps pour comprendre tout cela. Mais la maladie est aussi une leçon de vie. C'est désormais dans son monde que nous maintenons ce lien qui nous unit depuis qu'elle nous a donné la vie.

J'avais peur maman que la maladie ne nous prenne ça : notre proximité, notre complicité, nos moments à nous.

Mais il n'en est rien. Tout au contraire, à force d'amour, nous avons réussi à consolider des liens plus forts encore, car nous savions même sans nous le dire que nous devions continuer à avancer. Ensemble.

Le chef-d'œuvre de Dieu, c'est le cœur d'une mère, disait André Grety.

UNE MÉMOIRE

Je découvrais d'autres facettes de ta personnalité.

— *Hmmm, zouine hadchi li wajedti !** C'est délicieux ce que tu as préparé !

— *Wajedtou lik lahqach 'reftek ket bghih.** Je l'ai préparé pour toi, parce que je sais que tu aimes ça.

Elle me regardait, intriguée et curieuse. Pourquoi l'étrangère que j'étais voulait lui faire plaisir ?

— *Ken tayab mziane lahqach wahed lmra mziana besaf hya li 'almatli koulchi. 'raftiha hadik lmra ? Nti hiya Moumna !* Je cuisine bien, c'est parce que je connais une femme super qui m'a tout appris. Tu sais qui est cette femme ? C'est toi *Moumna* !

Son sourire me comblait. Rien n'était plus important à ce moment-ci.

— *Rabbi khalik. Had lbent hadi 'ajbatni.** Que Dieu te garde ! Cette fille-là, marmonne-t-elle dans sa barbe, elle me plaît.

— *Raj'i takli fouqma bghiti. Raki fdarek. Ou diri li 'ajbek, ou may tra lik gher el kher. Wakha hbiba ?** Reviens manger quand tu veux. Ici, tu es chez toi. Fais tout ce que tu veux, il ne t'arrivera que du bon. D'accord ma chérie ?

— *Walahila meziane.** T'as raison, c'est trop bien.

Elle ne savait pas pourquoi j'étais si gentille avec elle, mais elle était heureuse. Et elle me le rendait.

C'est un échange qui n'aura duré que quelques minutes, mais son souvenir me sera éternel.

Ma mère avait un temps slalomé entre pauvreté, débrouilles et galères. Elle récoltait désormais un peu de joie dans des moments simples qui sans doute faisaient écho à ce qu'elle avait vécu plus jeune.

Malgré cela, elle réclamait toujours de rentrer chez elle.

— *'Afake, dini ldari.** Stp, emmène-moi chez moi.

— *Fin hiya darek ?** Elle est où ta maison ?

— *Rakki 'arfa. Warili gher triq, ou ghada nmechi bouhdi.** Tu sais bien enfin. Montre-moi juste le chemin et je vais y aller seule.

— *Sayni wahed chouya, ghada ne mchi nwejed el makla bech te di m'ak wakha ?** Attends un peu, je vais préparer un repas que tu emporteras avec toi, d'accord ?

— *Ghada twajdi lmakla ? Khasni nemchi ldari. Hadi machi dari.** Tu veux me préparer à manger ? Je dois partir, ici ce n'est pas chez moi.

— *Ma tkhafich. Ghad nserbi, gher ma bghitekch ijik jou'fi triq. Ghadi tmechay mouda qbal mat wasli. Khalini nwajedlik chi haja be zerba qbel mat mchi.** Ne t'inquiète pas. Je vais faire vite. Je ne veux pas que tu aies faim pendant le trajet. Tu vas devoir marcher un moment avant d'arriver. Laisse-moi te préparer quelque chose vite fait avant que tu ne partes.

— *Bessah ? Ou nemchi ldari ?** C'est vrai ? Je rentre à la maison après ?

— *Ayah.** Oui.

— *Ch'hal zouina.** Que tu es gentille.

— *Hta ntya zouina. T'awnini fel cousina ? 'afak ? Khas li 'awenni.** Toi aussi tu es gentille. Est-ce que tu veux bien m'aider à cuisiner ? S'il te plaît ? J'ai besoin que quelqu'un m'aide.

— *Wakh ana ghada n'awnek.** D'accord, je vais t'aider.

C'était une ruse, parmi d'autres. J'apprenais à ruser comme on apprend une nouvelle langue. Cela la calmait quelques minutes, autour d'une complicité de circonstance, avant qu'on ne reparte pour un autre tour. Mais c'était quelques minutes où elle avait un sourire radieux, comme au bon vieux temps. Quelques minutes où elle était apaisée. Quelques minutes d'un répit précieux.

Comme quand elle marchait, peu importe où, et qu'elle prenait une petite mine songeuse. Elle avait son air d'avant.

Tant qu'elle parlait encore, je m'évertuais à lui dire que c'est elle qui nous avait tout appris, qu'elle s'était employée sa vie durant à nous élever, à nous rendre heureux. À chaque fois, elle me gratifiait de ses plus belles invocations. Toujours les mêmes. Elle les répétait, sans cesse et avec une sincérité désarmante. Il y avait quelque chose de magique dans tout cela.

Ta gentillesse ferait fondre le cœur de n'importe qui.

Je ne sais pas si elle pensait que j'étais de sa famille ou simplement une personne familière, seul mon père demeurera son repère longtemps. Mais on voyait sa nature profonde : un cœur bon qui souhaite le bien à son autre.

Pour autant, cette maladie a mutilé nos vies. Jusqu'à l'épuisement.

Par moment, tu nous faisais tellement tourner en bourrique que nous étions tout juste bons pour la camisole. Perdus entre les lueurs d'espoir que l'on arrivait à percevoir dans des moments et des petits riens, et l'incertitude accablante qui nous bouffait l'âme tous les jours que le bon Dieu fait.

D'ailleurs, le jour de l'annonce du diagnostic, le neurologue aurait dû dire : famille Chay, je vous annonce que vous êtes tous atteints d'Alzheimer. C'est tout de même plus conforme à la réalité, non ?

Quelle nouvelle facette cette maladie nous montrerait bientôt ? La tension était parfois palpable. Ce qui ne faisait qu'augmenter les effets de sa maladie, et la nôtre à tous finalement.

— *Al bent, gouli li fine rani 'afak.** Jeune fille, dis-moi où je suis s'il te plaît.

Je l'ai trop entendu cette phrase maman, Trop. Au point de ne plus savoir où moi-même j'étais.

Ce que je dis témoigne d'une infime partie du désastre que sème cette maladie, mais cela n'empêchait pas des moments de lucidités et de présence réelle avec ma mère. Dans des instants toujours inattendus.

Comme cette fois maman, où j'étais épuisée, car tu inversais les cycles du jour et de la nuit. Je manquais autant que toi de sommeil et de repos.

Je suis chez mes parents, dans la cuisine. Je prépare le repas, pendant que mon père est avec elle à l'étage. Ils sont ensemble dans leur chambre. Elle y avait encore accès.

Je ne sais pas ce qui lui prend. Elle me réclame sans cesse en répétant en boucle qu'elle veut me voir.

— *Aji, aji, a lbent** Viens, viens jeune fille, répète-t-elle inlassablement.

Je venais précisément de la quitter après avoir passé du temps dans la douche avec elle pour sa toilette. J'avais tant à faire avant d'emboîter le pas pour le reste de ma journée. Vingt-quatre heures, c'est insuffisant pour tout faire, quand on est aidante, qu'on a un boulot et qu'on veut changer le monde.

Je suis exténuée. J'aurais pu dormir debout, je crois.

— *Rani mechghoula moui. Ma bqalich lwaqt bech nji, 'afak.** Je suis occupée maman, je n'ai pas le temps là pour venir, s'il te plaît.

Elle insiste, ce que je ne comprends pas. La patience me manque, car je vois tout ce que j'ai encore à faire avant de partir pour préparer mon conseil municipal.

Je monte les escaliers en enfonçant mes talons dans le carrelage. Boum, boum, boum. On m'entendait de loin. Depuis la porte de leur chambre, sans lui laisser le temps de s'exprimer, et dans un excès de colère, je dis sans ménagement :

— *Chnou bghiti 'awtani ? Qayelt sabah koulou m'ak, ou baqa li lkhedma htal hna...** Tu veux quoi encore ? J'ai déjà passé toute la matinée avec toi et il me reste du boulot jusque-là...

> *Même à bout de nerfs, j'aurais dû voir que tu voulais me dire quelque chose, maman chérie.*

Je la perçois enfin, assise sur le bord de son lit. Elle est là devant moi. Presque comme une petite fille. Elle me dit, avec ses grands yeux bruns que nous avions pris soin de maquiller quelques minutes auparavant et desquels s'échappaient des larmes lourdes comme une montagne de chagrin :

— Gher bghit na'tik had lcado. Kount bghit na'tik had el gandora jdida hit ntya zouina m'aya*. Je voulais te faire un cadeau. Je voulais t'offrir cette robe parce que tu es gentille avec moi.

J'aurais préféré m'enfoncer toute entière dans un trou maman tant je m'en suis voulue.

Rage contre la maladie, colère contre moi, honte de mon attitude.

Je venais de faire pleurer ma mère alors qu'elle voulait me remercier. Je répondais à son geste de tendresse et d'amour par un emportement imposé par cette maladie infernale.

Ma mère avait trouvé une gandoura[15] encore emballée dans son paquet en cherchant dans sa chambre. Elle voulait me faire un cadeau. Parce que précisément j'avais été gentille avec elle dans la douche. Cela m'a bouleversée.

— *Semhili lmouima, semhili lmouima.** Pardonne-moi maman, pardonne moi maman, répétais-je encore et encore alors que je m'effondre dans ses bras comme lorsque j'étais gamine.

Je suis restée contre elle, ma tête dans le creux de son cou — là où il fait si bon être — jusqu'à ce je puisse reprendre correctement une voix me permettant d'être audible. Mon père, en spectateur sensible, me tend un mouchoir :

— Tu vois ma fille, une maman, ça pense toujours à ses enfants. *'Amar mok ma tensak, jamais benti.** Jamais ta mère ne t'oubliera, jamais ma fille.

15. Robe

Elle ne nous oubliera jamais. Parce que le cœur a ses mémoires que la mémoire ne peut expliquer.

Quand tes étreintes viennent à me manquer ma douce maman, j'enfile cette belle robe bleue à petits pois verts et je replonge immédiatement dans tes bras. Comme si tu me serrais fort contre toi.

Te souviens-tu maman ? Quand petite, j'ouvrais le placard de ta chambre, j'enfilais tes escarpins verts à hauts talons, je volais ton rouge à lèvres que j'appliquais sans délicatesse sur toute la figure ? Puis je déambulais partout comme si j'étais toi.

Me vient à l'esprit une phrase que j'ai notée dans mon carnet. Celle d'un aidant familial au sujet de son père souffrant : « Ce que je lui donne, il ne peut pas le retenir. Ce qu'il me donne, je le retiens de toutes mes forces. »

C'est exactement ça, maman. Tout ce que tu me donnes, des instants de vie, un sourire ou cette robe, je le retiens de toutes mes forces.

UNE MINISTRE

D'elle, je garde tout. Ses conseils, sa parole, ses gestes. Sa cuisine aussi, car elle raconte un monde.

Quand j'aurai un enfant, je ne lui enseignerai pas la détermination, car elle coule dans nos veines. Je lui enseignerai sa cuisine, car elle est une leçon de vie.

Avec sa cuisine généreuse, elle avait transformé les regards hostiles de nos nouveaux voisins des Méannes, en regards tendres que s'échangent les amis. D'allée en allée, du rez-de-chaussée au quatrième étage, nous avions quadrillé, tels de véritables petits lutins du bonheur, tout le Pablo Néruda 1.

C'est là que j'ai appris le porte-à-porte qui me servira dans toutes les campagnes que j'ai menées.

Nous n'étions pas riches, mais pour *joumou'a*, le vendredi, nous partagions ce que nous avions avec nos voisins. Du *sfenj*[16], *msemen*[17], aux pâtisseries maison, nous allions saluer nos voisins, assiettes bombées à la main.

Aujourd'hui maman, si j'aime tant reprendre tes gestes que je connais si bien, c'est que c'était l'une de tes plus belles façons de nous dire « je t'aime ». Dans tes plats, c'est ton amour que tu nous servais.

---

16. Beignets marocains
17. Crêpes marocaines

Si les premières fois de ce plan reconquête des territoires perdus étaient surprenantes, nos voisins sont très vite rentrés dans le désormais rituel instauré par ma mère. L'impatience et la joie se lisaient dans leurs yeux conquis par sa bienveillance.

Fini les regards soupçonneux. Une amitié sincère et profonde naquit sur fond de gourmandises.

Un lien fort s'est tissé entre nous.

De la belle Tiffany toujours élégante, au couple Grand bavard à souhait, des Boulgarian et leur chat dans le panier en osier du dimanche matin, les Fauche, couple de médecins aux enfants métisses, les N'doumous et les poissons-chats qu'ils nous offraient quand la pêche était bonne, la vigoureuse Corinne qui s'occupait seule de ses deux parents, les Lopez les plus discrets et leurs gros chiens, les Bossan dont les enfants étaient nos amis, et Mme Chenevier du premier, veuve d'un ancien gendarme, nous avons une histoire avec chacun d'entre eux.

Comme celle de la voisine du troisième étage qui avait permis à Zoubida de travailler pour la société Kelian[18]. Chaque fois qu'elle voyait ma mère, avec les bras chargés de semelles de chaussures à coller, elle lui lançait avec emphase :

— Olalala ! Je tuerais pour vos gâteaux Mme Chay ! En la couvrant de baisers généreux.

---

18. Société romanaise de chaussures

L'attache la plus forte, la plus belle, c'est celle qui lie notre famille au couple Souquet.

Pieds noirs d'Algérie, nous les considérions affectueusement comme nos grands-parents. Quand il fallut quitter l'appartement des Méannes pour notre maison, ascension sociale oblige, ce fut un déchirement pour ma mère et comme pour mamie Louisette, veuve depuis.

Vous étiez inséparables.

Toutes les deux belles et spirituelles. Ma mère invitait Louisa, sa meilleure amie algérienne, et Louisette venait avec Solange, sa meilleure amie juive, d'Algérie elle aussi. Ensemble, elles partageaient leurs souvenirs d'antan, dans une merveilleuse langue qui mélangeait français, Arabe, signes de la main et éclats de rire.

J'entends encore mamie Louisette, avec sa mise en plis parfaite, sa broche dorée qui ornait son joli chemisier à froufrou, nous dire de sa voix ensoleillée :

— Ça pousse, ça pousse et ça nous pousse !

Ce ne sont pas seulement les liens du sang qui forment la parenté, mais aussi ceux du cœur et de l'Intelligence, disait Montesquieu. Unis jusqu'à ce que la mort nous ait séparés. Quand mamie Louisette est partie à son tour, comme pour mes grands-parents, je lui dédiais un poème d'adieu.

Notre appartement des Méannes n'était jamais vide. Les va et viens, les « salem » et les « bonjour ça va » rythmaient la vie de notre foyer pour le plus grand plaisir de mes parents. Qui l'aurait cru ? À notre arrivée, nous ne connaissions personne dans ce quartier où les femmes qui ne portaient pas de djellaba dévisageaient ma mère. À la place des murs qui divisent, elle préféra construire des ponts qui rapprochent. Ma mère avait réussi là où beaucoup de politiques ont échoué. Ils devraient prendre des cours de cuisine, cela aiderait peut-être, qui sait ?

UNE LOI

Mon seul et unique regret, après avoir touché du doigt l'entrée à l'Assemblée Nationale, c'est de voir mon rêve de porter une loi pour toi — et les personnes qui te ressemblent — s'éloigner.

Une grande loi pour ceux que les politiques oublient. L'une de celles qui font l'honneur de la République, l'une de celles qui nous rendent fiers que La France soit notre pays.

J'en aurais été la plume.

Une loi nécessaire, car ces pathologies s'installent dans nos sociétés plus vite que nous nous en saisissons, une loi pour les malades eux-mêmes et leurs entourages, une loi pour des « Salima », pour des « Fatima », ou des « Driss », une loi pour des « Dadine » et pour ses parents, une loi pour « Princesse Yla », une loi pour toutes ces personnes concernées que l'on n'entend pas, une loi pour des fauteuils trop chers, ou ces routes inaccessibles, une loi pour alléger les administrations, une loi pour accompagner véritablement, une loi pour un peu d'humanité quand la maladie nous a déjà bien esquintés.

Je peux te le dire à toi. Si cette défaite aux législatives m'a fait mal, c'est de n'avoir pu écrire cette loi.

La loi Moumna.

UN ENFANT

Et une confidence en appelle une autre ma douce maman. Il y a ce sujet dont je voudrais te parler : devenir mère. Si je le deviens, mes premiers mots pour lui seront ceux qui ne le quitteront jamais : je t'aime.

Aborder la maternité m'a longtemps été difficile. Je disais à qui voulait l'entendre que jamais je n'aurais d'enfant. À en faire trembler mon interlocuteur. Il n'y avait pourtant bien que moi que je tentais de convaincre.

J'ai compris aujourd'hui.

Ce n'était en réalité que le déni de quelque chose que je voulais vraiment, un désir teinté d'une inquiétude tout aussi profonde de ne pas pouvoir vivre ce moment avec ma plus grande complice sur ces questions : ma mère.

Voici ce que ton éducation m'a inspiré maman chérie. Et qu'un jour je dirais peut-être à mon enfant inch'Allah.

« Mon enfant,

Vis ta vie pleinement. Ce sera là ma seule injonction.

Fais ce qui te paraît juste, et ce qui est beau, tombe et remonte. Mon rôle n'est pas de t'éviter la chute, mais de t'apprendre à te relever. Ne te mets aucune limite et découvre toutes les voies possibles et impossibles. Avec audace. Toujours avec audace.

Ose ce que te dicte ton cœur, pour l'aventure de te sentir vivre, pour l'aventure de vivre libre. Au diable ceux qui te dénigreront ou te jugeront. Tu n'as que faire des conventions du genre humain.

Sois conscient du chemin que tu parcours, sois heureux dans les choix que tu fais et feras demain.

Et surtout, commence par te choisir toi. Ta plus belle histoire, c'est celle que tu vivras avec toi. Aime-toi d'abord, le reste viendra. Si tu peux être seul avec toi-même, et si tu aimes véritablement la compagnie de tes moments vides et de solitude, tu auras fait un énorme pas vers le grand Amour de ta vie. Après une nuit de chagrin et de désespoir, tu pourras te relever et faire ce qui est nécessaire pour aller de l'avant. Compte sur toi avant de compter sur quiconque. Promets-le-moi.

Tu vivras des trahisons, supportes-en les accusations, mais ne les laisse jamais t'épuiser.

Sois capable de décevoir quelqu'un et même tout le monde, pourvu que tu restes fidèle à toi-même, à tes valeurs, à ta philosophie.

Fais confiance, et sois digne de confiance.

Sois capable de voir la beauté partout, même lors des jours sombres et puises-y la singularité de ta vie même lorsque tout le reste semble s'écrouler.

Le bonheur ne se situe pas forcément où on l'attend. Le bonheur, c'est ta capacité à accepter pleinement le moment présent. Et la beauté de la vie s'exprime par elle-même. Il te suffira pour la percevoir de te souvenir de cela.

Accepte tes défaites, regarde tes échecs et promets-moi de recommencer. Garde toujours le courage, la rage de vivre, la confiance en toi, la foi dans l'avenir, l'envie d'essayer, et la curiosité sur le monde.

Si tu tombes, recommence. Encore et toujours. Sois comme la pluie. C'est quand elle est contre terre que la vie jaillit.

Tester et recommencer. Tester et se tromper, tester et réussir enfin, tester et persévérer, recommencer, se renouveler, tout chambouler. Reprendre à zéro. Car tout t'est possible. Ta persévérance obligera le destin.

Laisse la vie te surprendre. Chaque jour est un miracle. Chaque jour, une chance.

Laisse-toi porter par sa magie. Toutes ces surprises, ses petits riens, ses grandes folies, prends-les et crée ton aventure à toi.

Celle qui ne ressemblera à aucune autre. Et que tu voudras transmettre un jour à tes enfants. Pense, dis et fais ce qui te semble juste. Et rappelle-toi d'où tu viens.

Le patrimoine que mes aïeux m'ont offert avant toi, il se constitue de l'essentiel. Il est ce qui te permettra en tout temps d'emprunter le chemin de l'indépendance, de l'épanouissement et du bonheur. Cet héritage, d'une richesse infinie, c'est l'amour. Car aimer, c'est tout. L'amour de toi, l'amour des tiens, l'amour du Divin.

La vie est belle. Hisse-toi à sa hauteur. Sois libre. »

Qu'en penses-tu maman ?

UNE VICTOIRE

Précisément parce que la vie est belle et que nous avons su nous en souvenir, cette maladie s'est fracassé le crâne contre nous. C'est l'amour qui l'a emportée.

Elle est terrassant, c'est vrai. Mais à bien regarder, nous avons réussi à trouver, malgré son poids, des enseignements précieux. Les fêlures d'une vie ont un sens. Si les blessures, parfois profondes dans l'âme, nous ferment, elles nous forment aussi. Elles contribuent à la beauté et à la singularité de nos vies. Malgré la douleur, malgré l'incompréhension, malgré mille questions. Car cet « ici » ne nous offre pas toutes les réponses et qu'il faut parfois juste l'accepter.

Dans l'épreuve, vous avez continué à nous faire grandir papa et toi.

Parce qu'après tout, c'est bien de cela qu'il s'agit. Continuer à nous élever, envers et contre tout.

UNE FEMME

J'espère que là où elle est, elle ressent toute ma gratitude, toute mon admiration, tout mon amour.

Même si parfois, il m'arrive encore de me demander pourquoi tu es malade. Comme ce soir maman. Il est deux heures du matin. Je te regarde dormir.

Des bruits qui ressemblent à des mots sortent de ta bouche.

Qu'expriment-ils ? Que voudrais-tu dire ?

Rêves-tu encore maman ?

De quoi rêves-tu maman chérie ?

De ton enfance ?

De ta vie d'aujourd'hui ou de celle d'avant ?

De tes journées avec nous ou de celles où tu étais enfant ?

Es-tu femme ?

Es-tu épouse ?

Ou maman ?

Ou ne rêves-tu de rien ?

Tu rêves de nous maman ?

Penses-tu encore à moi ?

Je rêve de toi, moi, maman, tu sais. Toujours. Tu me reviens normale dans mes songes, car les songes permettent tout, même les miracles. À la nuit, rien ne s'oppose. Rien ne résiste. Rien d'impossible. Et tu t'adresses à moi de ta voix exquise qui me manque tant. Tu me dis : « benti Latifa ». Comme c'est doux de t'entendre de nouveau.

Est-ce que, là où tu es, tu te souviens de moi ? Au moins un peu, dis ?

Les minutes passent et, à la croisée de la nuit et du jour, je te regarde encore maman. Je ne trouve pas le sommeil, alors que je voudrais rêver de nous. Tu as l'air si calme, si sereine et apaisée.

Sauf quand tu t'étouffes et que je me précipite à ton chevet. Comme à l'instant. Comme de plus en plus souvent. C'est ce qui m'a réveillée d'ailleurs. Tu sais que j'ai peur de ça, maman. Que tu partes comme ça.

Tu sais combien de fois j'ai cru que tu partais. Comme cette fois, cette nuit de novembre où la mort nous narguait. Combien de fois maman j'ai cru que tu t'en allais définitivement. Cette maladie est cruelle, plus encore que la mort elle-même.

Alors je suis heureuse maman chérie de t'avoir parlé. Cela m'a permis de te garder près de moi, de rêver de toi, de jours en plus de mes nuits, en mots, en phrases, en chapitres. À chacune de mes questions en suspens, j'ai imaginé tes réponses. Et c'est comme si à chaque fois tu me disais : « mat nsaynich benti[19] ! »

Jamais maman. Jamais je ne t'oublierai. Les anges de l'aube qui entendent mes prières en sont les premiers témoins. Je n'oublie rien de toi. Pas même tes colères. Si rares, mais jamais amers. Je garde tous nos souvenirs, à la droite de mon cœur. Je garde même cet ancien album photo, vieux d'une décennie maintenant, de mes fiançailles, avec un ancien amoureux. Je ne le garde pas parce que j'aime me souvenir de lui, mais parce que j'aime me souvenir de toi. Cet album, il me rappelle toi. Il me rappelle tout ce que tu as fait pour moi. Tu t'en souviens maman ? Tu avais organisé mes fiançailles comme tu n'organiseras jamais mon mariage. C'est fou comme une chose qui n'existe pas, peut faire si mal. Tu vois maman chérie, je garde cet album comme une précieuse lettre de toi. Attachée à chaque détail des photos comme on s'attache à chaque mot d'une lettre d'amour.

19. Ne m'oublie pas ma fille !

Le chant des oiseaux va bientôt accompagner les premières lueurs du soleil. Et moi, je suis contente que tu sois encore en vie. J'apprécie ta présence malgré ton absence, j'apprécie tes mots malgré tes silences. Tu peux te reposer, dors bien maman.

Je voudrais être Brel pour te chanter mon amour, comme je ne le suis pas, contente-toi, ô, maman chérie, de ces trois mots, de toutes les façons, ce sont eux qui disent tout : je t'aime.

Les mots ont leurs limites. Comme en cet instant précis. Et c'est finalement quand ils se taisent qu'ils sont les plus puissants.

SUITE À LA PAGE SUIVANTE >

J'ai une dernière question, papa.

Est-ce que c'est ça être une femme ?

FIN

Table des matières

Printed in Poland
by Amazon Fulfillment
Poland Sp. z o.o., Wrocław

62035478R00190